世界一やさしい
決算書の教科書1年生

小宮一慶

ソーテック社

ご利用前に必ずお読みください

本書に掲載されている説明を運用して得られた結果について、筆者および株式会社ソーテック社は一切責任を負いません。個人の責任の範囲内にて実行してください。

本書の内容によって生じた損害および本書の内容に基づく運用の結果生じた損害について、筆者および株式会社ソーテック社は一切責任を負いませんので、あらかじめご了承ください。

本書の制作にあたり、正確な記述に努めておりますが、内容に誤りや不正確な記述がある場合も、筆者および株式会社ソーテック社は一切責任を負いません。

本書の内容は執筆時点においての情報であり、予告なく内容が変更されることがあります。また、環境によっては本書どおりに動作および実施できない場合がありますので、ご了承ください。

Cover Design & Illustration…Yutaka Uetake

はじめに

私は経営コンサルタントとして独立してもう20年以上になります。私の会社（小宮コンサルタンツ）は11人の小さな会社ですが、私は自社を経営する以外に、7社の会社の社外役員と5社の顧問をしています。中には上場している会社もあります。

それらのお客さまでは、取締役会などの会議に出ることが多いのですが、その際には、必ずといっていいほど、業績の報告や確認があります。簡単な場合でも、損益計算書をもとに売上高や利益の報告を受けます。時には、貸借対照表による財務状況の報告を受けることも少なくありません。また、決算の報告を受けるときには、それらの決算書の詳しい説明が行われます。もちろん、役員や顧問として、その際に疑問や問題点があれば指摘しなければなりません。

決算書は学び方を間違わなければ難しくない

貸借対照表や損益計算書のことを「決算書」といいますが、それらを難しいと感じる人は少なくないようです。しかし、慣れればそうでもありません。

「**難しいと感じる人の多くは、そのつくり方から学ぶからではないか**」と私は思っています。会計は規則なので、その規則に基づいて、決算書をつくるのはとても難しいからです。おそらく私もできないでしょう。しかし、私たち大方のビジネスパーソンには、決算書のつくり方を学ぶ必要性はないのです。**「読めればいい」**のです。

本書は、はじめて決算書を学ぶ人、これまで何度か勉強してみたけれど挫折してしまった人、何となく読めるが深い読み方を知らないという人を対象に、「決算書の基本、特にその〝読み方〟を解説している」ものです。

ビジネスの現場で、決算書のつくり方が必要なのは、経理の担当者や公認会計士、税理士などです。大多数のビジネスパーソンは基本的な読み方が分かればよく、それで十分だと私は思っています。

しかし逆に、「**〝決算書とは何か〟また〝その基本的な読み方〟が分からないというのは、ビジネスパーソンにとっては、大きな要素が欠落している**」ともいえなくはありません。そして、そのような人をもったいないと私が思うのは、「**数時間勉強すればかなりのことが分かるのに、それをやらない**」ことです。

本書は、そういう人のためにつくられた本です。本書を数時間かけて勉強すれば、決算書の読み方の基本は必ず分かるはずです。そうすると、自社やお客さま企業などの見え方が違ってくることは間違いありません。

決算書を読めるのはビジネスパーソンには必須のスキル

決算書が必要なのは、経営者や管理部門の人たち。そう思っていませんか？

私はすべてのビジネスパーソンが、決算書からその会社の経営状況を読み取る力を持つべきだと思っています。決算書から、会社や業界の状況を詳しく読み取ることができるからです。そして、それを読めることによって、会社への理解が高まり、働き方や、ひいては社会に対する考え方も大きく変わる可能性もあります。

決算書は「財務3表」と呼ばれる貸借対照表、損益計算書、キャッシュ・フロー計算書の3つの計算書類のことです。**「貸借対照表からは会社の〝安全性〟」「損益計算書からは〝収益性〟」「キャッシュ・フロー計算書からは〝将来性〟」**などを、具体的な数字に基づいて読み取ることができます。

自分の会社の決算書から、安全性、収益性、将来性はしっかりしているかといったことを見極めるのは、自身の生活や将来設計のためにもとても重要なことだと思います。

取引先の信用調査にも、決算書を役立てることができます。取引先の会社が突然潰れて、お金を支払ったのに物が入ってこない、納品したのにお金が支払われない、なんてことがあっては困ります。

業界分析をする人にも、業界ごとに財務内容に特徴があるので、そこから読み取れることはたくさんあります。電鉄会社とアパレルの会社とは決算書の特徴が違うのです。

さらに、これから株式投資をしようという人、就職活動のために会社研究をしようという人にとっても、決算書を読み取る力は大きな助けとなるでしょう。

最近は、就職活動をする学生が、一般の人に有名な一部の大手企業に集中してしまうという風潮がありますが、あまり一般的に知られていない部品メーカーや素材メーカーの中にも、抜群の財務内容を持った優良企業がたくさんあります。ビジネス誌がよく企画する「人気企業ランキング」はイメージが先行したものです。それに頼ってしまうと数年後、「こんなはずではなかった」となりかねません。人気というものは数年で大きく変わります。現に、以前はとても人気だった電機メーカーは、ランキングを大きく落としています。

「就職先でも投資先でも、人気ではなく、働きやすさとともに、安全性、収益性、将来性といった本質的なことを確かめることが大切」なのです。

本書の構成
初心者の人でも理解しやすいようにわかりやすいところから話をしています

通常、私が決算書の読み方をお話しする際には、貸借対照表、損益計算書、キャッシュ・フロー計算書の順にお話ししています。実際に企業の決算書を読むときも、最初は貸借対照表を目にします。ただし「**本書は、貸借対照表と損益計算書の順番を入れ替えてお話ししています**」。というのも、貸借対照表というのは少しつくりが複雑で、概念を理解できずに挫折してしまう人や、間違えたまま覚えてしまっている人が少なくないためです。

一方、損益計算書というのはとてもシンプルな構造で、言葉の定義さえ覚えてしまえば、誰でも簡単に理解できます。「**本書は初心者の人に理解しやすいように、決算書とは何かの概要をお話ししたうえで、損益計算書からお話ししていきたい**」と思います。もちろん、損益計算書を説明した後半部分には少し踏み込んだ内容も用意してあるので、中級レベルの人にもぜひ読んでいただきたいと思います。上級編として、少し難しい話もしているので、楽しみにしてください。

また、普段私がお話しする言い方と異なる部分もあります。これは決算書の初心者が理解できるように言い方を変えているためです。初心者目線の説明を心がけているので、安心してついてきてください。決算書には多くの企業情報が含まれています。最初はただの数字の羅列にしか見えないかもしれません。でも「**読み慣れてくると、無機的だった数字が活き活きと動きはじめ、企業の特徴や方向性、経営者の考え方までもが、私たちに語りかけてくれます**」。本書を読み進めれば、あなたは、そのレベルまで到達すると思います。

本書を読み終わる頃には、決算書への理解が深まり、それが、さらにあなたのビジネスへの興味を掻き立てていると思っています。

それでは、決算書を読み解く旅をスタートさせましょう。

小宮一慶

目次

1時限目 「損益計算書」って何？

2時限目 「貸借対照表」って何？

3時限目 キャッシュ・フロー計算書はここがポイント

4時限目 決算書から会社の稼ぐ力を読み取ろう

5時限目 企業の決算書を実際に見てみよう

0時限目

そもそも「決算書」って何？

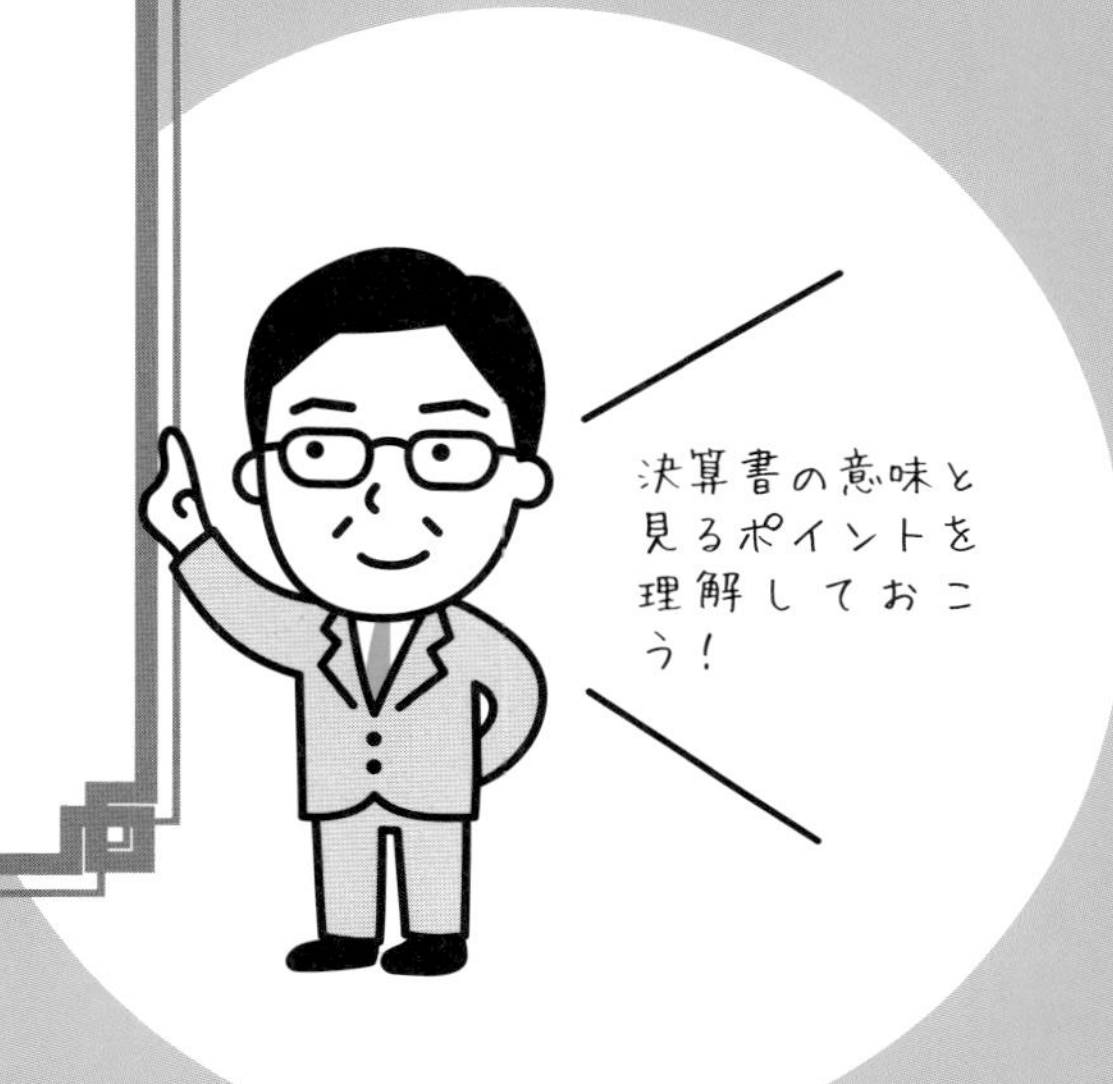
決算書の意味と
見るポイントを
理解しておこう！

01 決算書って何のためにあるの？

1 決算書をつくるのは「法律による義務」だから

ビジネスに関わる人なら、「決算書」という言葉を聞いたことがないという人はいないでしょう。「決算書とは何ですか？」と聞かれたら、「損益計算書と貸借対照表のこと」などと答えられる人も多いと思います。

では、決算書は何のためにつくられているのでしょうか？

「経営者が会社を経営するため」

たしかに、経営者が決算書を見てさまざまな経営判断を下すことは少なくありませんが、経営者のためだけにつくられているわけではありません。

私は小さいながらも、コンサルティング会社をもう20年以上経営していますが、自社の決算書は軽く見る程度です。借金がないので、会社の財務内容は預金通帳を見ていれば分かるからです。

「お金の出入りをきちんと管理しておけば、最低限の経営はできます」。

もちろん、損益計算書も貸借対照表もつくっています。無借金なので決算書を銀行に見せる必要はありませんし、株の大半を持っているのは私ですから、株主や投資家に決算書を見せる必要もありません。

それでも、決算書をつくっています。なぜでしょう?

答えは、「**会社法で定**

● 決算書をつくる理由

私は経営しているコンサルティング会社の決算書は軽く見る程度です
どうしてでしょうか?
お金の出入りをきちんと管理しておけば、最低限の経営はできる
では、決算書を誰かに見せる必要は?
無借金経営
株の大半を私が持っている
だから……
銀行
十
株主・投資家
に
決算書を見せる必要がない
では、なぜ決算書をつくるのでしょうか?
それは
会社法
で定められているから

められている」からです。

会社法では、決算書のことを「**計算書類**」と呼んでいます（税法でも、計算書類と呼ばれます）が、損益計算書や貸借対照表などの計算書類を作成することが法律で定められているから、会社は決算書を作成するのです。

2 会社ではない個人事業主は決算書をつくらなくていい？

会社法ですから、会社ではない八百屋さんなどの個人事業主は、法律の対象にならないので決算書をつくる必要はありません。にもかかわらず、「**実際には多くの個人事業主も、会社に比べれば簡単なものではありますが決算書をつくっています**」。なぜでしょうか？

答えは、「**青色申告をするため**」です。つまり、税法上、決算書をつくったほうが税金が安くなるなどの利点があるため、決算書をつくって税務署に提出しています。

このように、決算書をつくるのは会社法で定められているから

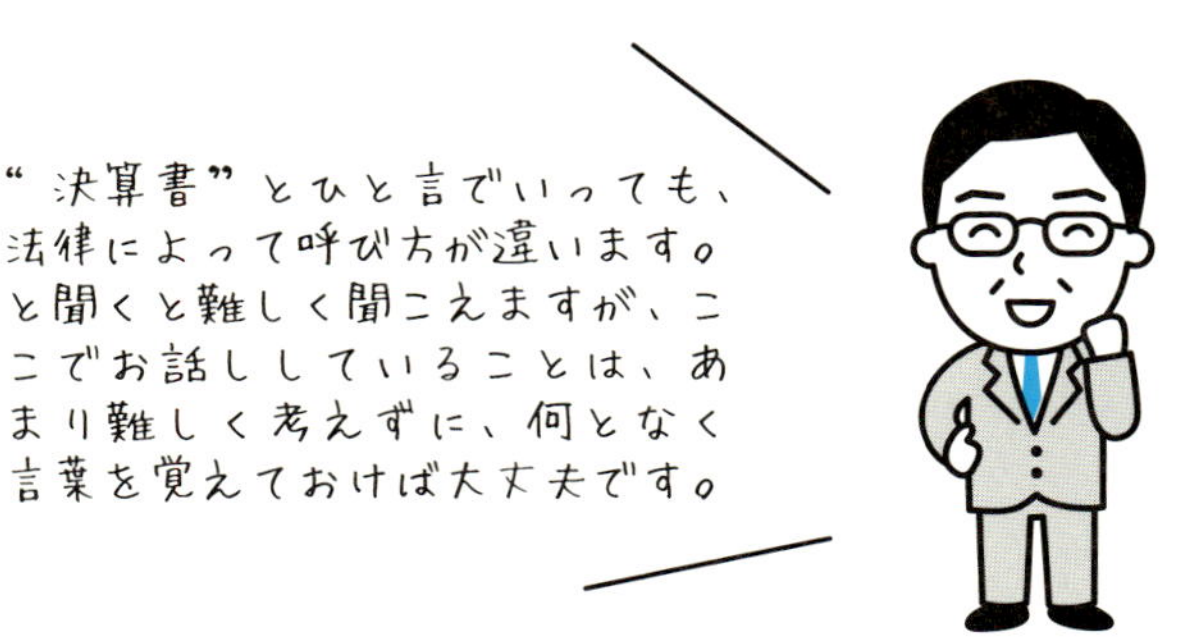

"決算書"とひと言でいっても、法律によって呼び方が違います。と聞くと難しく聞こえますが、ここでお話ししていることは、あまり難しく考えずに、何となく言葉を覚えておけば大丈夫です。

ですが、もうひとつ、決算書を作成することを義務づけている重要な法律があります。

「**キャッシュ・フロー計算書**」という言葉を聞いたことがありませんか？　これは、八百屋さんはもちろん、私たちの会社のような株式を上場していない会社はつくらなくてもいい決算書なのですが、「**金融商品取引法の対象となる上場企業には作成が義務づけられています**」。金融商品取引法では、決算書は「**財務諸表**」と呼ばれます。

まとめると、決算書は下図の異なる3つの法律に基づいてつくられています。

3 同じ会社、同時期の決算書の数字が違う理由

「**税法に基づいて決算書を作成することを〝税務会計〟**」と呼び、「**会社法や金融商品取引法に基づいて決算書を作成することを〝財務会計〟（フィナンシャルアカウンティング）**」と呼びます。

この2つは別物で、たとえば、トヨタ自動車が納税のために計

決算書は3つの法律に基づいてつくられている

法律名	決算書の呼び方	対象
会社法	計算書類	会社
税法	計算書類	税務申告を行う法人・個人
金融商品取引法	財務諸表	上場企業

算する利益と、財務諸表として作成する損益計算書上の利益は、同じ時期のものであっても数字は同じではありません。

税務会計の基準による「売上高」や「費用（損金）」と、財務会計の基準による「売上高」や「費用」が一致しないことはよくあることなのです。

この点を理解していない人が多いので、**「税金を納めるための税務会計の売上高や費用」**と**「会社の実力を見るための財務会計の売上高や費用」**は別物であり、数字が一致するとはかぎらないことを、まずは頭に入れておいてください。

税理士と公認会計士は何が違う？

税務会計と財務会計には、それぞれ専門家がいます。「**税務会計の専門家が〝税理士〟**」で、「**財務会計の専門家が〝公認会計士〟**」で

●「税務会計」と「財務会計」の違い

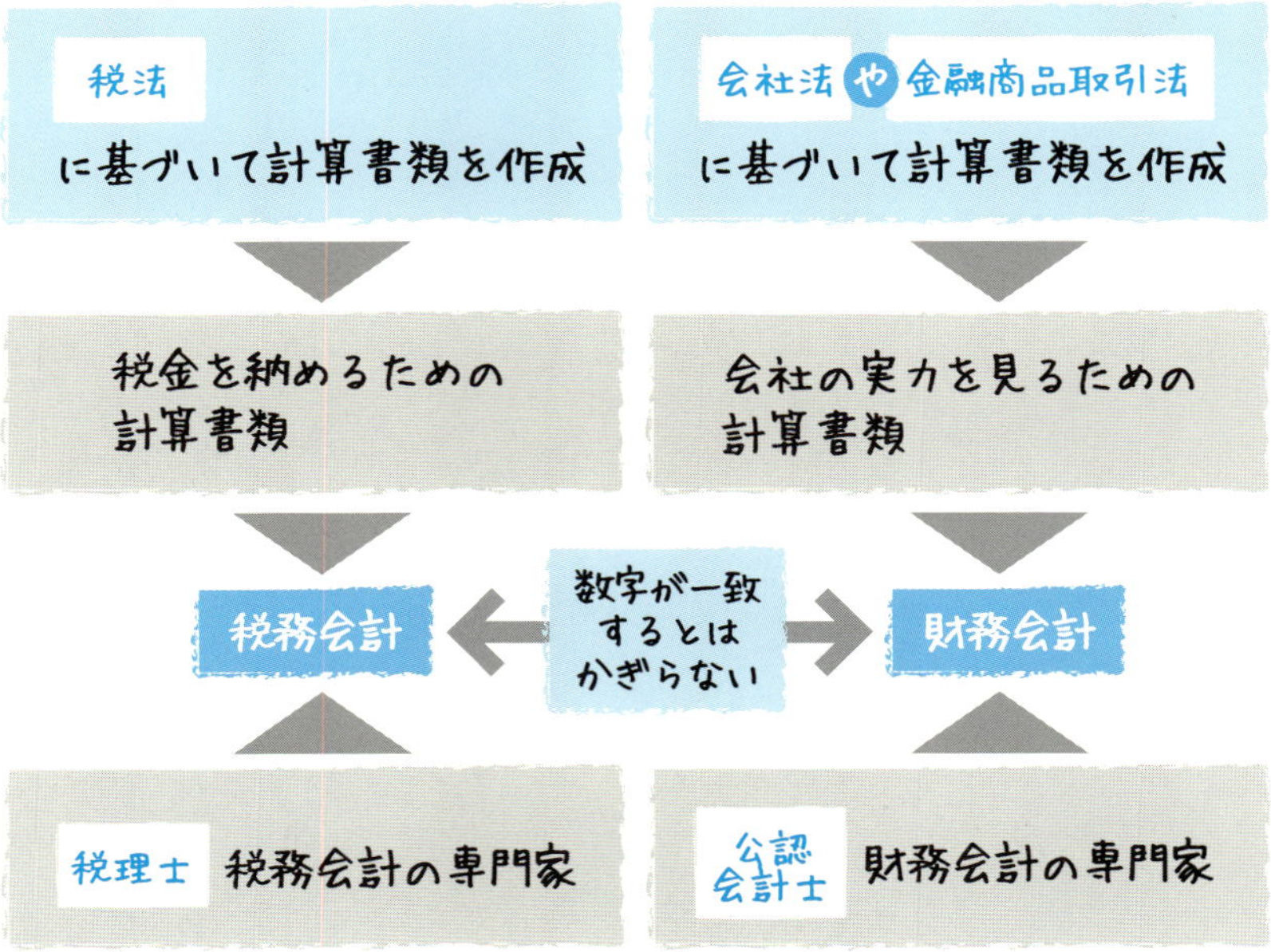

す。そして、税理士の組織は、「税理士事務所」や「税理士法人」、公認会計士の組織は、「監査法人」と呼ばれます。

上場企業をはじめとする大企業は、税務会計の決算書を作成するために税理士を雇い、財務会計の決算書を監査してもらうために公認会計士（監査法人）を雇っています。

別々の法律に基づく、別々の計算書類をつくるわけですから、作成、監査する専門家も別々なのです。

監査ってどういうこと？

中小企業の場合、**「会社法上で監査を必要とするのは〝大会社〟（資本金5億円以上または負債総額200億円以上の株式会社）だけ**」で、それ以外は監査の必要がありません。ですから、ほとんどの会社では、税理士が税務会計の計算書類と財務会計の計算書類の両方を作成しています。

ちなみに、「**〝監査〟というのは、決算書が会社法、上場企業なら金融商品取引法の会計規則に合致しているかどうかを調査すること**」です。

4 会社法の決算書と、金融商品取引法の決算書では何が違う？

お話ししたように、税務会計と財務会計は違います。では、同じ財務会計の会社法の決算書と、金融商品取引法の決算書では何が違うのでしょうか？

簡単にいうと、「**複雑さ**」です。

「**金融商品取引法の対象となる上場企業は、投資家に対して詳細な財務内容を開示する必要**」があります。そのため、「**決算書の種類が多く、それらを作成する基準もより細かいため複雑**」なのです。

先にお話ししたキャッシュ・フロー計算書も、「時価会計」や「減損会計」「リース会計」といった特別な会計基準も、金融商品取引法上の規制であり、上場企業にのみ適用されます。

上場企業には、こうした複雑な財務会計の基準があり、そうではない一般の非上場企業とでは、決算書の複雑さが違うことも理解しておいてください。

5 上級編 日本で使われている会計基準は3つある

金融商品取引法の基準には、日本が決めた「**日本基準**」のほかに、「**米国基準**」と「**国際財務報告基準**（**IFRS**《アイファース》）」があります（厳密には、さらに「**日本版IFRS**」があります）。

多くの上場企業は、日本基準で財務諸表を公開していますが、トヨタ自動車やNTTドコモ、パナソニック、ソニーなどは米国基準で、本田技研工業やソフトバンク、アサヒグループホールディングスなどはIFRSで財務諸表を公開しています。

私たちは、財務諸表を作成するわけではないので、基準の細かい点がどう違うかまで詳しく知る必要はありませんが、投資目的で上場企業の財務諸表を見るときは、「**3つの基準のどれを採用**

しているかを確認する必要」があります。あとでお話しする、M&Aなどの際に生じる「のれん」の扱いなどが大きく違うからです。

業界に特有の決算書もある

さらにつけ加えておくと、業法上の規制があります。貸借対照表は普通は流動資産が上で固定資産が下ですが、東京電力（次頁参照）や東京ガスの貸借対照表を見ると、逆になっています。負債も、固定負債が上で、流動負債が下です。こうした「**産業別の特性による業法上の要求で決算書が他業界と違う**」こともあります。銀行にしかない勘定科目なども、この業法上の規制によるものです。

「**〝会社法で求められている決算書〟と〝金融商品取引法の要求に応える決算書〟に加えて、〝業法上の要求に応える決算書〟の作成が必要な企業もある**」ということです。

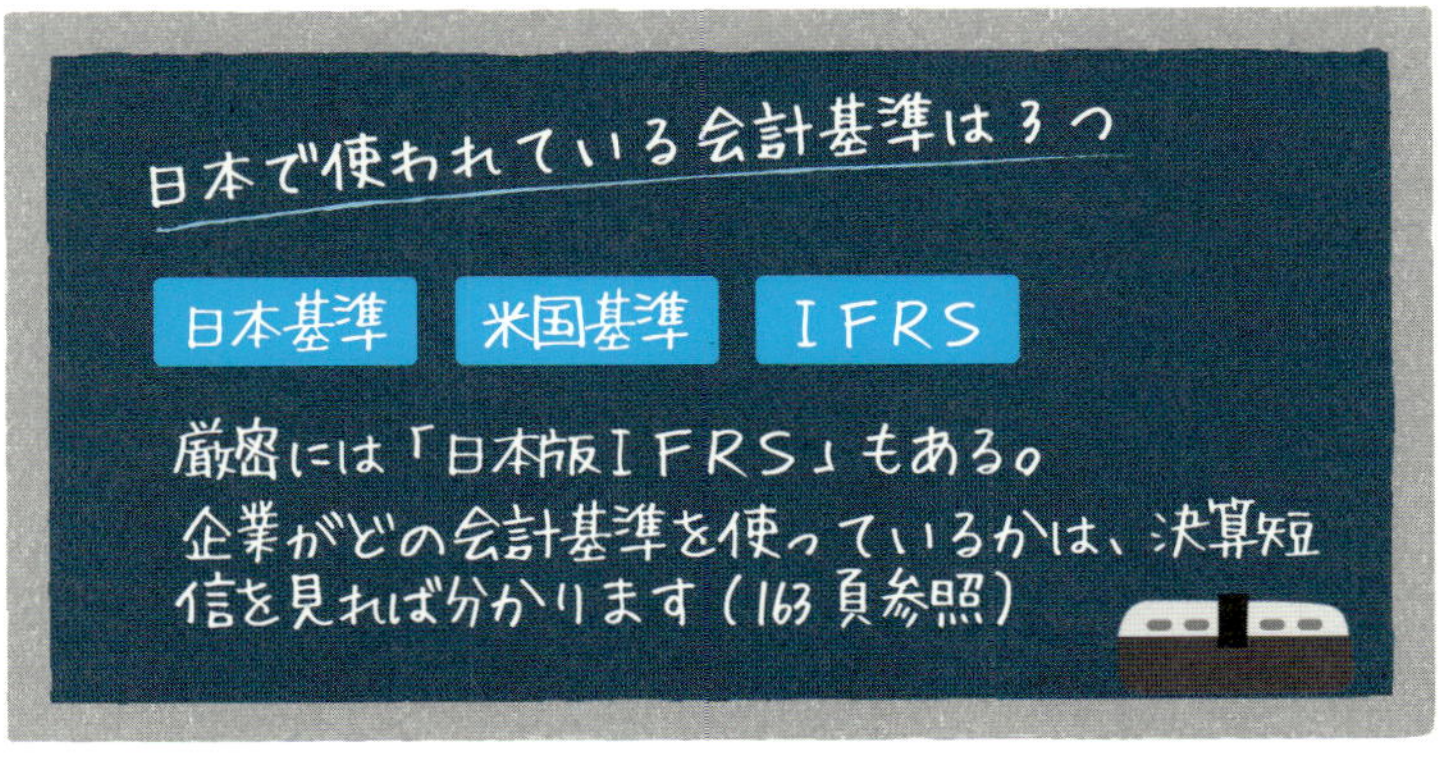
日本で使われている会計基準は3つ
日本基準
米国基準
IFRS
厳密には「日本版IFRS」もある。
企業がどの会計基準を使っているかは、決算短信を見れば分かります（163頁参照）

東京電力の「貸借対照表」

（単位：百万円）

	前連結会計年度（自　平成28年３月31日）	当連結会計年度（自　平成29年３月31日）
資産の部		
固定資産	11,321,208	10,293,859
電気事業固定資産	6,870,556	6,791,086
水力発電設備	441,666	415,728
汽力発電設備	1,080,724	1,060,332
原子力発電設備	722,445	816,184
送電設備	1,760,121	1,655,098
変電設備	696,101	690,766
配電設備	2,019,249	2,005,542
その他の電気事業固定資産	150,248	147,434
その他の固定資産	221,731	191,153
固定資産仮勘定	838,467	840,444
建設仮勘定及び除却仮勘定	838,467	840,444
核燃料	751,384	647,902
装荷核燃料	120,473	120,486
加工中等核燃料	630,911	527,415
投資その他の資産	2,639,068	1,823,272
長期投資	135,940	95,442
関係会社長期投資	610,468	934,672
使用済燃料再処理等積立金	894,547	－
未収原賠・廃炉等支援機構資金交付金	755,861	531,974
退職給付に係る資産	117,375	131,611
その他	126,412	132,186
貸倒引当金（貸方）	△1,538	△2,614
流動資産	2,338,560	1,983,740
現金及び預金	1,423,672	941,383
受取手形及び売掛金	488,109	512,680
たな卸資産	194,453	156,771
その他	246,315	386,038
貸倒引当金（貸方）	△13,990	△13,133
合計	13,659,769	12,277,600

流動資産と固定資産が通常の決算書とは逆になっている

上の「東京電力の貸借対照表」と次頁の「日本マクドナルドの貸借対照表」を比べてみましょう。

「固定資産」と「流動資産」が上下逆になっています。

通常は日本マクドナルドのように流動資産が上で固定資産が下にきます。

● 日本マクドナルドの「貸借対照表」

（単位：百万円）

	前連結会計年度 （自　平成27年12月31日）	当連結会計年度 （自　平成28年12月31日）
資産の部		
流動資産		
現金及び預金	20,388	21,244
売掛金	8,119	10,558
1年内回収予定の長期繰延営業債権	-	3,336
原材料及び貯蔵品	862	999
繰延税金資産	478	597
その他	4,711	5,574
貸倒引当金	△35	△1,136
流動資産合計	34,524	41,174
固定資産		
有形固定資産		
建物及び構築物	83,645	90,454
減価償却累計額	△38,164	△40,905
建物及び構築物（純額）	45,481	49,548
機械及び装置	14,275	14,618
減価償却累計額	△10,360	△10,423
機械及び装置（純額）	3,915	4,195
工具、器具及び備品	10,957	11,390
減価償却累計額	△8,623	△8,687
工具、器具及び備品（純額）	2,334	2,703
土地	17,325	17,325
リース資産	7,612	7,547
減価償却累計額	△4,738	△5,560
リース資産（純額）	2,874	1,987
建設仮勘定	479	1,118
有形固定資産合計	72,410	76,878
無形固定資産		
のれん	1,195	907
ソフトウエア	6,760	6,118
その他	693	694
無形固定資産合計	8,650	7,720
投資その他の資産		
投資有価証券	56	56
長期貸付金	9	9
長期繰延営業債権	10,116	6,049
退職給付に係る資産	6,773	7,328
繰延税金資産	224	124
敷金及び保証金	41,457	37,519
その他	8,634	6,286
貸倒引当金	△3,988	△2,647
投資その他の資産合計	63,283	54,725
固定資産合計	144,344	139,324
資産合計	178,868	180,499

通常は、流動資産が上で固定資産が下になる

02 決算書を見るときの注意点

1 決算書の数字が真実とはかぎらない

あなたが投資家なら、決算書を見る目的は、その会社に投資するかしないかを判断するためでしょう。営業担当者なら、取引先の会社がつぶれないかどうかを確認するために決算書を見るかもしれません。

しかし、その決算書の数字が、「**税理士や監査法人がお墨つきを与えた決算書であっても、必ずしも真実であるとはかぎらない**」のです。

1番分かりやすい例は、東芝の粉飾決算でしょう。大手監査法人の公認会計士たちが監査を行い、お墨つきを与えた決算書にもかかわらず粉飾がありました。オリンパスやカネボウでも粉飾決算が行われました。

私はこれまでに1000を超える会社の決算書を見てきました。その経験からいえば、「**日本の**

98パーセントの会社の決算書は、中小企業であっても信憑性のある真実の数字」です。しかし、「残念ながら数パーセントの会社の決算書には粉飾があります」。

会社の経理担当者が決算書の数字をいじって粉飾をする場合もあれば、税理士に頼んで粉飾してもらうケースもあります。

2 決算書を粉飾する理由

多くの会社が決算を粉飾する理由は、銀行からお金を借りたい、あるいは投資家から資金を集めたいから。「**資金が不足し、お金を借りないと会社がつぶれてしまうから、決算書を粉飾するケースがほとんど**」です。また上場企業の場合には、上場を維持したいためという理由もあります。

銀行は、特に中小企業の場合、その会社がほかの銀行からお金を借りているかは、通常は分かりません。ですから、本当はA銀行から2億円、B銀行から1億円、C銀行から5千万円を借りていてさらにD銀行から借りたいときに、他銀行からの借入額を少なく見せかけて、粉飾した決算書をつくってD銀行に見せるようなことをする会社もあるのです。

D銀行は、その会社がA銀行からいくら借りているかを知りませんし、通常は問いあわせもしないので、粉飾された決算書を見てお金を貸してしまう可能性があるのです。だから、取引銀行

の数だけ決算書をつくっていた会社もありました。もちろん、つぶれましたが。

したがって、決算書の数字であっても、それが必ずしも真実であるとはかぎらないという前提で見る必要があります。特に上場していない中小企業の場合、経営者の指示で経理担当者や税理士が粉飾することはやろうと思えば簡単にできてしまうので、注意が必要です。

お金を借りたいからという理由以外にも、「**公共事業の入札に参加するために、赤字を黒字に粉飾する**」会社もあります。

公共事業を任せた会社が、その事業の途中で倒産してしまっては困るので、黒字であり、納税していることを入札参加条件としている公共団体がほとんどです。だから公共事業の仕事をもらいたい会社は、赤字を黒字に粉飾することもあるのです。

このほかには、納税額を減らす（脱税）目的での粉飾もあります。

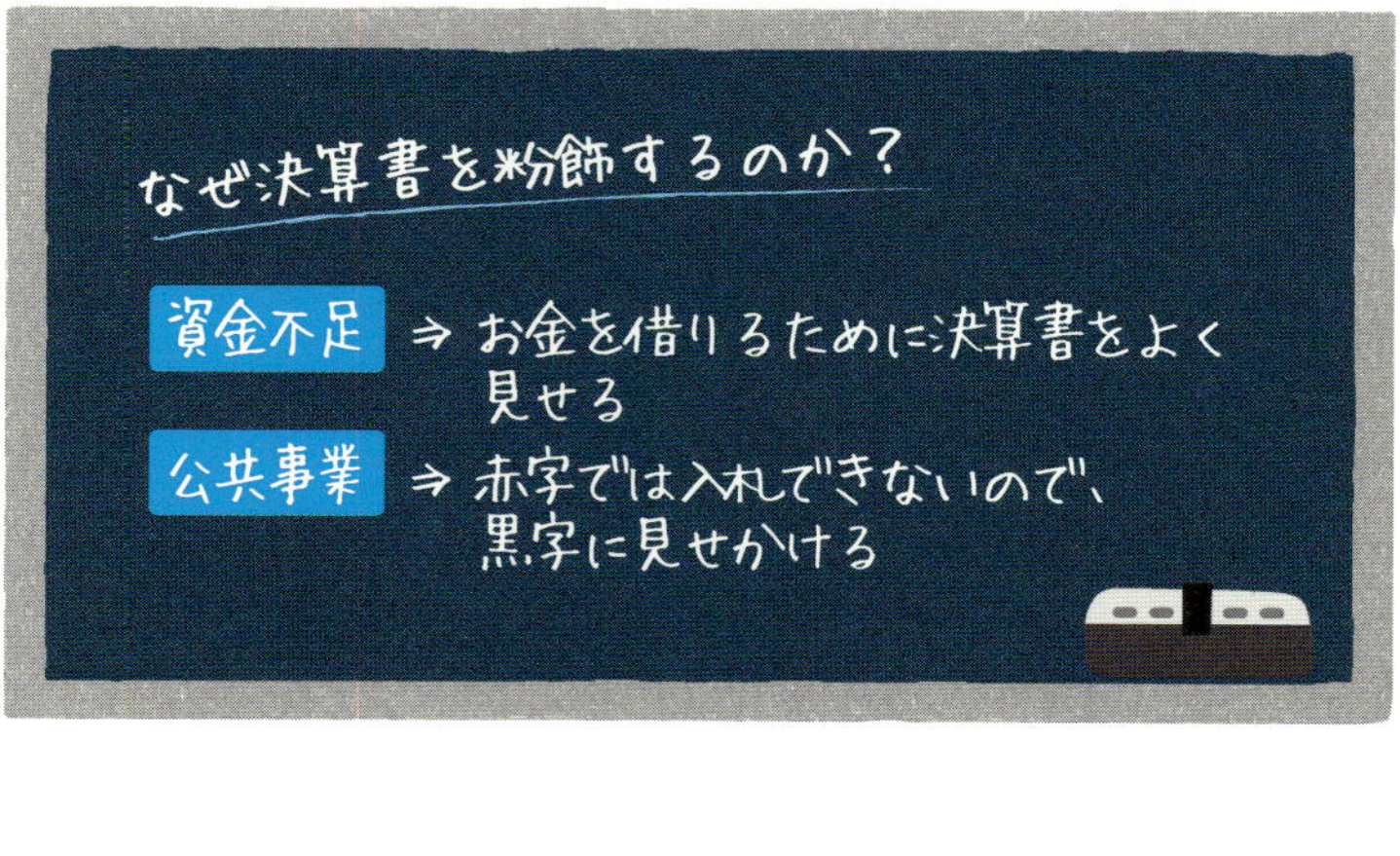
なぜ決算書を粉飾するのか？
資金不足
⇒ お金を借りるために決算書をよく見せる
公共事業
⇒ 赤字では入札できないので、黒字に見せかける

3 銀行が決算書の粉飾を見破る方法

銀行がお金を貸すかどうかを判断するときにも、その会社の決

算書を見ます。しかし、その決算書の数字が粉飾されていたら判断を間違ってしまうので、まずは粉飾がないことを確認するために、その会社の決算書をコンピュータにかけます。銀行には、それぞれに独自のチェックポイントがあり、それをコンピュータがチェックすることで粉飾を見破るしくみになっています。

こうした決算書のチェックを含めて、会社の監査は今後、ＡＩ（人工知能）が担うようになるでしょう。人間が考えて行った粉飾決算を、ＡＩが見破る時代はもうすぐそこまで来ています。

粉飾がないことを確認した決算書を見れば、その会社の安全性がどの程度かが分かります。決算書のどこを見れば安全性が分かるのかは、後ほど詳しくお話しします。

担保があればお金は借りられる

「その会社の安全性が十分でない場合は、銀行は担保を要求」します。安全性の補完として担保を要求するのです。場合によっては、安全性が十分でも担保を要求します。なぜなら、そのほうが銀行にとってより安全だからです。担保があれば、予想外にその会社がつぶれてしまったとしても、担保分のお金は回収できます。

もっというと、**「十分な担保があれば、銀行はお金を貸す」**ことがあります。

担保があれば、銀行はお金を貸してくれるので、そもそも決算書の粉飾なんてしなくていいのです。

03 目的によって見るべきポイントが違う

貸借対照表や損益計算書、あるいはキャッシュ・フロー計算書の具体的な中身をお話ししていないので、ここから先は少し聞き慣れない言葉が出てくると思いますが、「ウォーミングアップ」だと思ってついてきてください。詳しくは、あとの章でお話しします。

1 利害関係者は「安全性」「収益性」「将来性」のどれを重点に見るか

「**銀行は、その会社にお金を貸すかどうかを判断するために、まず決算書でその会社の安全性を見て、次に収益性を見ます**」。

「**投資家はまず、儲かっていない会社は株価が上がらないので、決算書でその会社の収益性を見ます**」。ただ、安全性も見ておかないと、儲かっていたけれどつぶれてしまった、ということになってしまいます。

それから、「**投資家はその会社の将来性を見ます**」。新薬を研究しているベンチャー企業など、現在は儲かっていなくても、財務内容がある程度大丈夫ですぐつぶれる心配がないなら、将来性を見て投資判断をすることもあるでしょう。

「海外の投資家は現在、ROE（Return On Equity：自己資本利益率）に注目」しています。詳細は、これも後ほどお話ししますが、**「ROEとは、貸借対照表の純資産の一部である自己資本に対し**

● 決算書は見る人によってCheck Pointが違う

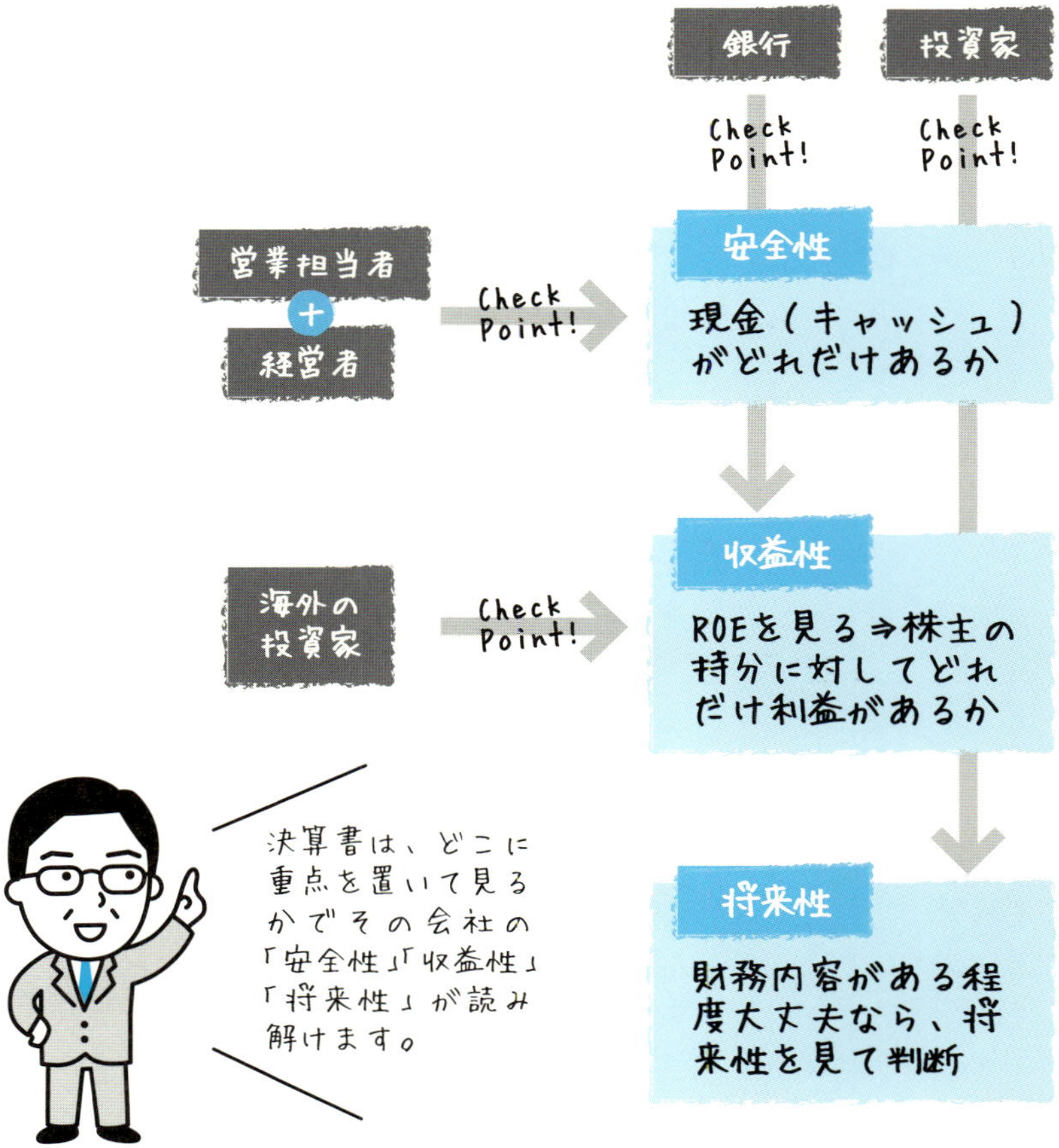

銀行
投資家
Check Point!
Check Point!
営業担当者
+
経営者
Check Point!
安全性
現金（キャッシュ）がどれだけあるか
収益性
海外の投資家
Check Point!
ROEを見る⇒株主の持分に対してどれだけ利益があるか
将来性
財務内容がある程度大丈夫なら、将来性を見て判断
決算書は、どこに重点を置いて見るかでその会社の「安全性」「収益性」「将来性」が読み解けます。

て、どれだけ利益（純利益）があがっているかを表す数値」です。つまり、「**株主の持分に対して、どれだけの利益があがっているか**」に注目しているのです。

一方、「**営業担当者が取引先の決算書を見る場合には、まず安全性を確認**」します。商品やサービスを販売しても、その代金を回収できなければ、損をしてしまうからです。

「**経営者が自社の決算書を見る場合も、安全性が第一**」でしょう。特に資金繰り。儲かっていても、お金が不足すると「黒字倒産」してしまう可能性もあるので、現金（キャッシュ）がどれだけあるかには、常に注意を払う必要があります。

現在増えているのは、M&Aで会社を売ったり買ったりする際に、相手の決算書を見て、安全性はもとより、資産がどれだけあるのか、将来性はどうなのかについてもよく検討する方法です。M&Aを行う場合には、決算書だけでなく、実際にその企業の細かな財務内容などを隅々まで調べあげます。これを「**デューデリジェンス**」といいます。

このように、その会社の利害関係者でも決算書の見方はそれぞれであり、どの程度、精緻に見るかも違います。

2 株を買うときの決算書を見るポイント

ちなみに、私が株を買うときに決算書で見るポイントは主に次頁下図の3つ＋αです。

この3つを見ることで、**「日本国が破綻するよりも破綻確率が低いであろうと思う会社、将来も安定して利益を出すと思われる会社に投資します」**。

たとえば、トヨタ自動車。トヨタが倒産するよりも、おそらく日本が破綻するほうが先だと私は思っています。

「会社の決算書をきちんと見て、経済全体の流れを見て、優良株を比較的安いときに買えば、まず株で損をすることはない」というのが私の持論です。

もちろん、ほかには「**PER**」（株価収益率：株価÷一株あたりの純利益）や「**PBR**」（株価純資産倍率：株価÷一株あたりの純資産）も見て、割安感があるかどうかも確認します。全体の相場が下げているときのほうが私には買いやすいです。

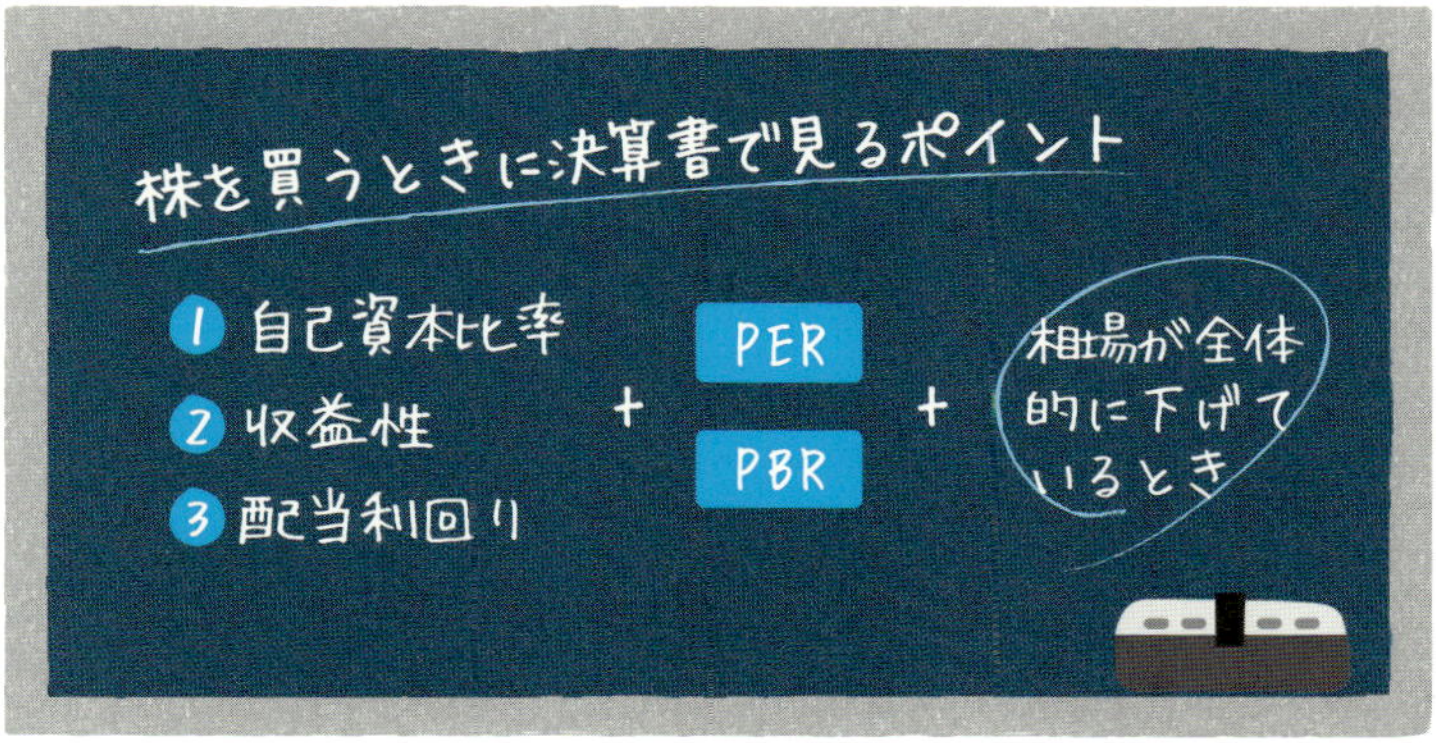

04 危ない会社の見分け方

1 自己資本比率10パーセントを切ったら危ない

ここからは少し、ウォーミングアップをしましょう。ここで分からなくても、あとの章で詳しくお話しするので安心してください。

粉飾がないという前提で、「**危ない会社を見分けるためには、中長期的な安全性を示す〝自己資本比率〟を見ます**」。自己資本比率は、資産全体のうち返済義務のないお金の比率のことです。これが20パーセントを超えていれば、その会社は安全性という面からは一応は合格です（ただし、自己資本比率が十分でも、短期的な資金繰りに困ることはよくあることで、注意が必要です）。

逆に、「**金融業以外で自己資本比率が10パーセントを切っていたら、その会社は間違いなく自己資本が少なすぎる**」と私は判断します。金融業はお金を扱っているので自己資本比率が10パーセントを切っても資金が回りますが、そうでない会社は10パーセントを切ると、よほど安定した収益をあげていないかぎり、安全性に問題があると判断していいでしょう。

電鉄会社や電力会社のように日銭が入ってくる会社は、自己資本比率が少々低くても大丈夫ですが、それでも何があるか分かりません。だから私は、自己資本比率が10パーセントを切っている会社の株は絶対に買いません。

ただし、自己資本比率が高くても、短期的に、お金がなくなれば会社はつぶれます。あとで詳しくお話ししますが、貸借対照表などから**「短期的な資金の過不足を確認することも重要」**です。

2 資産回転率が高い会社は要注意

「売上の規模が貸借対照表の規模に比べて大きい会社は注意が必要」です。

資産回転率は、売上高を資産で割った数値（売上高÷資産）ですが、メーカーであれば、通常1倍前後。つまり、売上高と資産がほぼ同じ金額です。

資産回転率は、資産が有効活用されている度合いを示すと一般

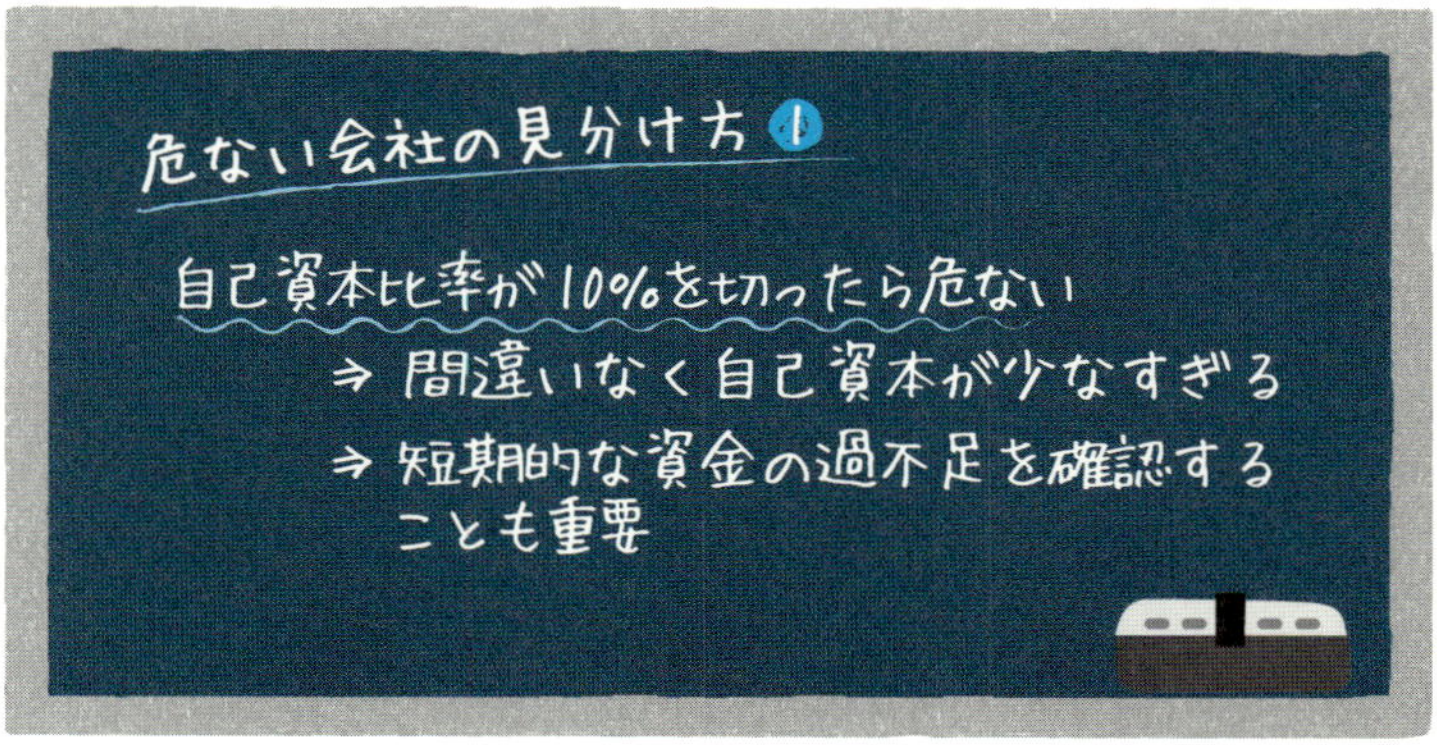
危ない会社の見分け方①
自己資本比率が10%を切ったら危ない
⇒ 間違いなく自己資本が少なすぎる
⇒ 短期的な資金の過不足を確認することも重要

的にはいわれています。同じ資産規模でも売上高が多いほうがいいですからね。確かにそのとおりなのですが、「**資産回転率が高い会社は、資金難に陥ったときに売るものがない**」ともいえるのです。これは、資産が少ないからです。

ソフトウェア会社やコンサルティング会社など、資産規模がすごく小さい会社は、自己資本比率が高くても、粉飾もなしに半年後に倒産することがあります。なぜなら、「**資産が小さい会社は、費用が大きい可能性が高い**」からです。

私の会社も資産はほとんどない一方で、人件費や家賃がかかり、毎月出ていきます。そうすると貸借対照表（バランスシート）が小さくて、どこにも問題がなかったとしても、たとえば仕事が極端に減ると、お金が回らなくなって倒産、または廃業ということになりかねないのです。

したがって、資産回転率が高い会社は、注意が必要なのです。

もちろん、資産回転率が高い会社がみんな危ないというわけではありません。現預金を多く持っている会社ももちろんあります。

ただ、「**資産回転率が高い会社は、投資家から見ると効率のいい経営が行われているため、プラス評価となりがちですが、実際には、**

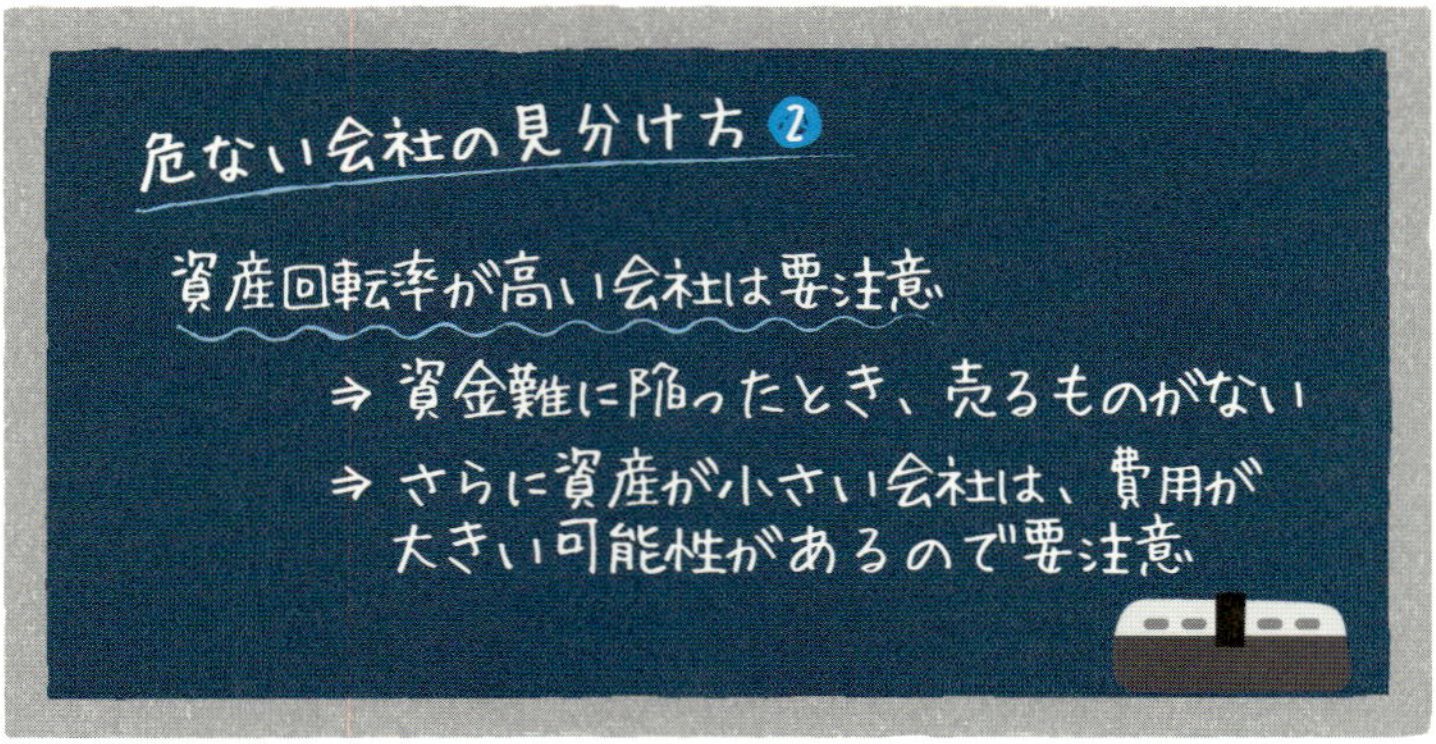
危ない会社の見分け方 2
資産回転率が高い会社は要注意
⇒ 資金難に陥ったとき、売るものがない
⇒ さらに資産が小さい会社は、費用が大きい可能性があるので要注意

「**ある日突然つぶれるかもしれない危険性もある**」のです。効率性と安全性は裏腹な場合もあるのです。

3 赤字が続いている会社はもちろん危ない

資産が多くあっても、赤字が続くと現預金が減少するので、どこかで資金ショートを起こす可能性が高くなります。

銀行は、3期連続赤字になると、追加融資に応じなくなったり、融資を引きあげようとしたり、その会社に対する評価を変えることも少なくありません。

銀行は、融資の契約をするときに、「**自己資本比率をある一定以下にしない**」とか「**営業利益を何億円以上稼ぐ**」といった、「**コベナンツ**」と呼ばれる条件をつけることがあります。このコベナンツに抵触すると、金利が上がったり、返済を迫られたりします。

「**銀行は、融資先の会社の経営をすべて見ることはできませんが、要所の数字を管理することで融資金の安全性を確認している**」のです。

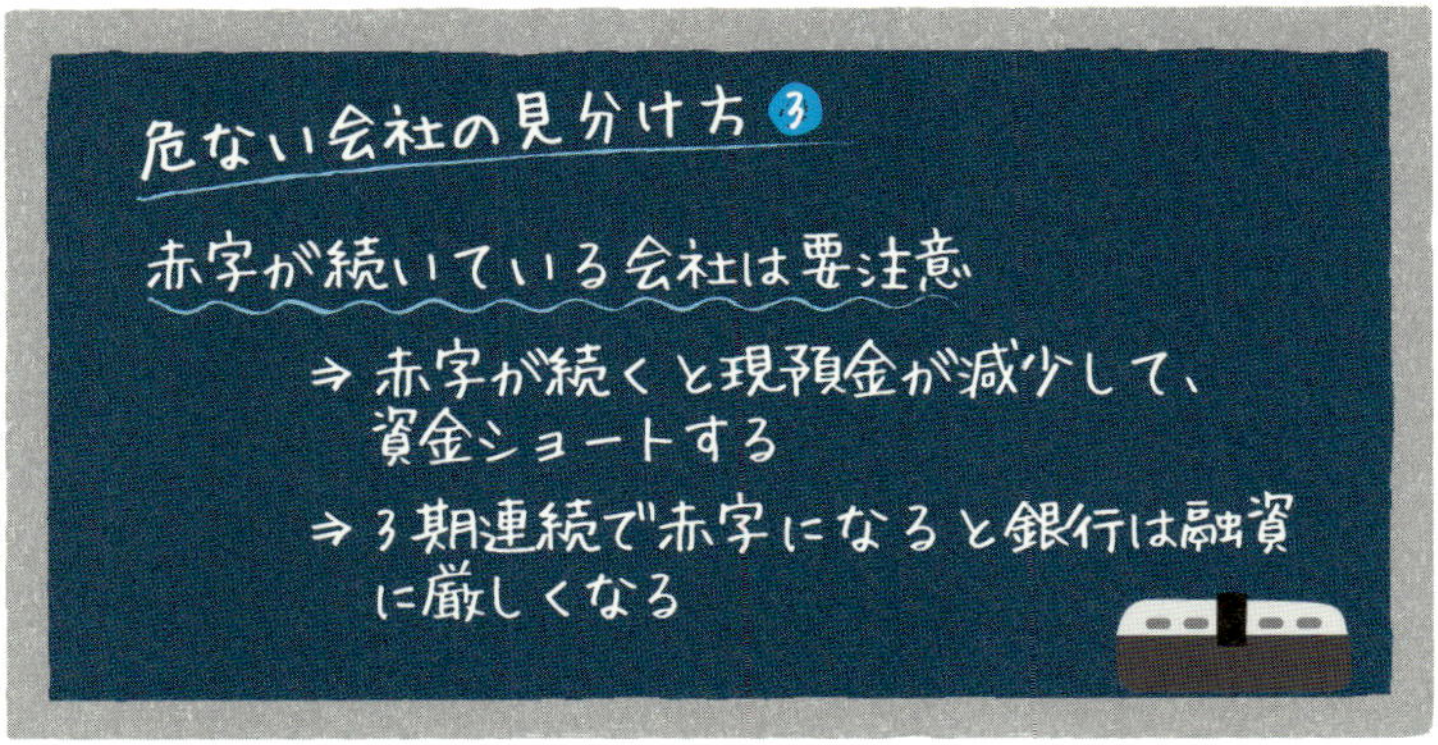
危ない会社の見分け方③
赤字が続いている会社は要注意
⇒赤字が続くと現預金が減少して、資金ショートする
⇒3期連続で赤字になると銀行は融資に厳しくなる

05 これから成長する会社の見分け方

1 売上高と営業利益が右肩上がりか？

今後、成長する会社かどうかを知るためには、損益計算書の売上高と営業利益が伸びているかどうかを見ます。「**売上高と営業利益の両方とも毎年増えていれば、その会社は今後も成長していく可能性が高い**」と判断できます。

一般的には、「**売上高よりも利益のほうが伸びやすい**」と考えられます。なぜかといえば、固定費は売上が伸びても変わらないからです。固定費が一定であれば、売上の伸び以上に利益が増えます。

ただし、急激に成長している会社の中には、工場を建設するなどで、設備投資をどんどん増やすことで売上を伸ばしている会社もあります。こうした会社では、減価償却費などの固定費が増えている分、一時的に利益がある程度抑えられることがあります。

どちらにしても、**「売上高が伸びていることが、これから成長するための大前提」**です。その会社の将来性を見る際の、ひとつの大きなポイントです。

2 投資金額と減価償却費のどちらが多い？

キャッシュ・フロー計算書をまだ十分にお話ししていないので、少し難しいかもしれませんが、キャッシュ・フロー計算書には、**「投資キャッシュ・フロー」**という項目があります。投資にどれだけのお金を使っているか、投資からどれだけのお金を回収しているかを表しています。これを見ると、**「設備投資をはじめ、財務的な投資など、その会社がどれだけ将来に向けて投資をしているかが分かります」**。

この投資キャッシュ・フローの中に**「（有形・無形）固定資産の取得」**という項目があります。その**「固定資産の取得の金額と減価償却費（固定資産の価値の目減り分）と、どちらが多いか比べてみて、固定資産の取得額が減価償却費より多い会社のほうが将来性が高い」**可能性があります。

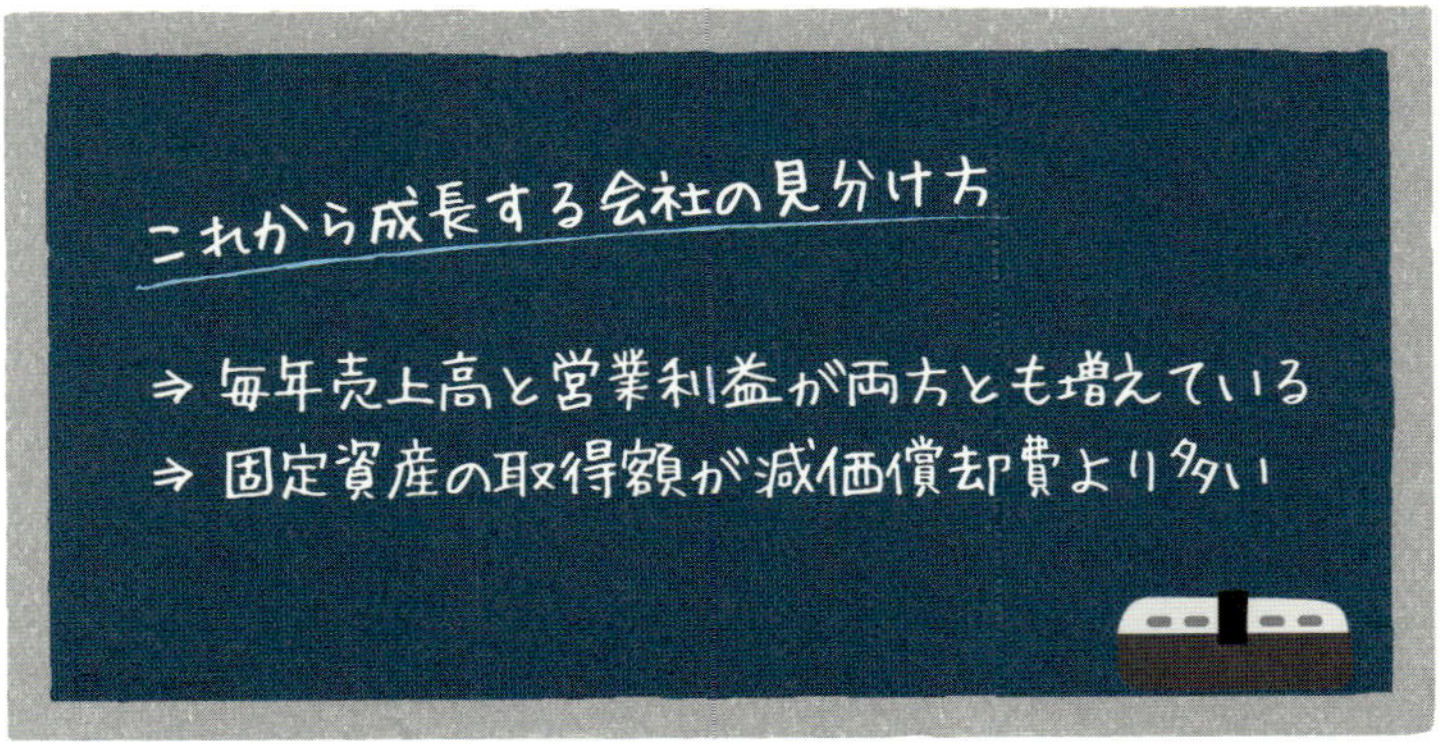
これから成長する会社の見分け方
⇒ 毎年売上高と営業利益が両方とも増えている
⇒ 固定資産の取得額が減価償却費より多い

一般的に、経営がしんどいときには投資を減らすものです。たとえば、近年、日本マクドナルドは業績が苦しい時期が続きましたが、ここでお話ししている投資キャッシュ・フローを見ると、業績がしんどい時期でも減価償却費よりも投資金額（固定資産の取得）のほうが多くなっていました。ですから「**将来的には業績が回復する可能性が十分にある**」と私は思っていましたが、まだ十分ではないものの、業績は回復基調にあります。

3 上級編 減価償却累計額が大きい会社は資産が古い

減価償却の累計額を貸借対照表できちんと開示している会社があります（多くの会社は、取得価額から減価償却費を引いた「純額」で表示しています）。それを見ると、資産が５００億円でも、減価償却累計額が４５０億円というような場合があります。「**資産に載っている額は、〝純額〟と表記がない場合には、原則〝取得価額〟**」です。５００億円で取得した資産が、４５０億円分累計で償却をしているということは、その差は50億円しかありません。資

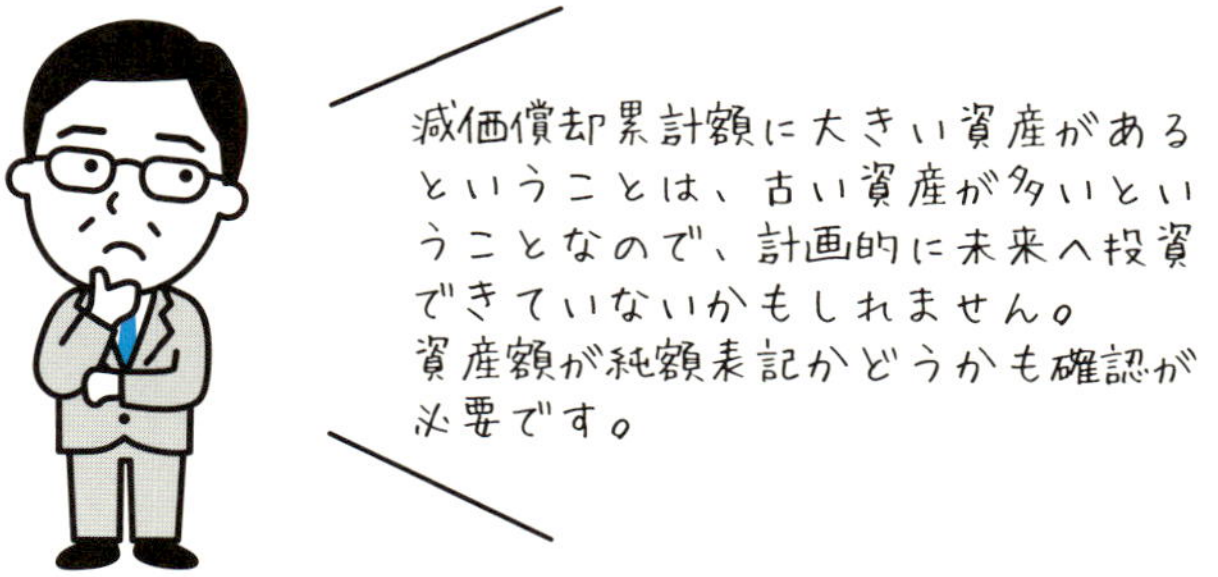
減価償却累計額に大きい資産があるということは、古い資産が多いということなので、計画的に未来へ投資できていないかもしれません。
資産額が純額表記かどうかも確認が必要です。

産の「純額」が50億円ということです。

「減価償却累計額が大きい資産があるということは、古い資産が多いということ」です。「機械」なら、かなり古くなっている可能性があります。

4 上級編 純資産がやせている会社は危ない

中小企業は、社長がオーナーという会社が多くあります。利益が多く出ると、税金も多額になりますが、それを嫌って、社長が自分の給料を多くして税金の支払いを減らすケースが見受けられます。

こうした会社の決算書を見ると、貸借対照表の純資産が少ないことが分かります。**「純資産は、株主がその会社に投資したお金と純利益の蓄積」**です。この利益

● 純資産から経営者の姿勢が見える

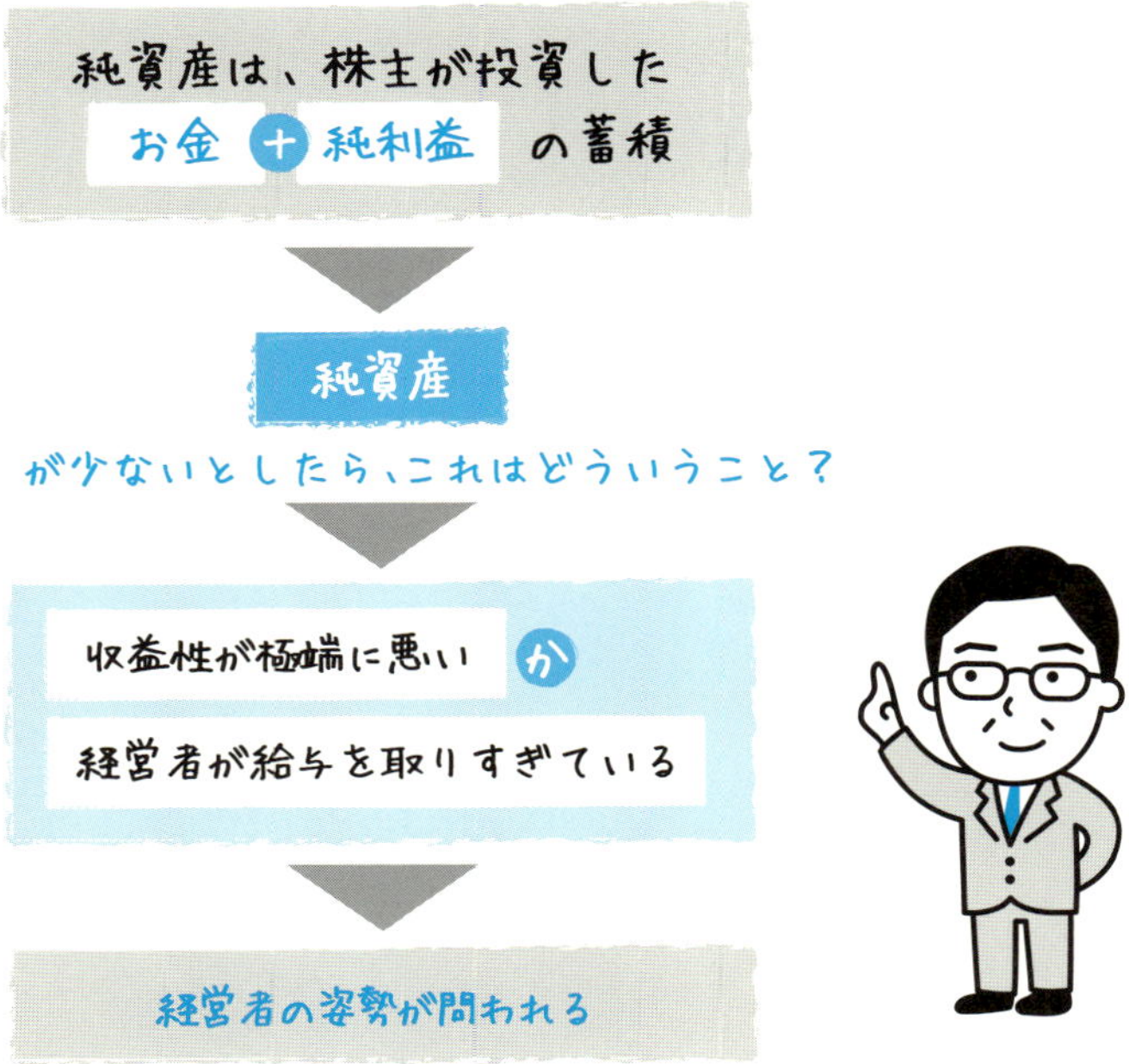

の蓄積となるべき分を自分の給料としてもらっているため、純資産が少ないのです。あるいは、低収益企業で儲かっていないという可能性もあります。

だから、「**30年間、会社が継続しているのに利益剰余金がほとんど貯まっていない会社は、収益性が極端に低いか、収益はあっても経営者が給料などで多くもらってしまっている**」わけです。こうした経営者は、経営能力が低いか、自分の懐を温めるために会社を経営しており、会社の将来のために投資をする意志はありません。つまり、その会社の将来性は明るくないということです。

講演でも、「**貸借対照表の純資産がやせている会社はよくない**」という話をよくしますが、「**ここを見るだけでも、その会社の経営者の姿勢が分かります**」。

1時限目

「損益計算書」って何？

損が出たのか、利益が出たのか途中段階を含めて分かる、決算書の中で1番分かりやすい書類です。

01

損益計算書

売上高から費用を引き、損が出たのか、利益が出たのかを計算する

1 「売上高」からさまざまな費用を引いたものが損益計算書

決算書の中で1番分かりやすいのが損益計算書です。「**損益計算書は、売上高からさまざまな費用を順番に引いているだけ**」です。それぞれ分類された「**費用をすべて引いて、残高が残っていたらそれが利益になり、マイナスになったら赤字**」です。

2 まずは上から順番に見ていくだけで十分

では、任天堂の連結損益計算書（次頁参照）をざっくりと見ていきましょう。

1番上にある数字が「**売上高**」です。任天堂の連結損益計算書をきちんと目で追ってみてください。任天堂の売上高は約４８９０億円です。この売上高からまず「**売上原価**」を引きます。売

上原価は、売上に直接関わった費用のことで、売上高から売上原価を引いたものが「**売上総利益**」で、約1989億円と出ていますね。

売上総利益から「**販売費及び一般管理費（販管費）**」を引いたものが「**営業利益**」です。「販管費」は売上原価に入らない、通常の業務にかかる費用です。たとえば、営業部員の給与や本社の費用などです。

● 任天堂の「連結損益計算書」を見る

（単位：百万円）

	前連結会計年後（自 平成27年4月1日 至 平成28年3月31日）	当連結会計年後（自 平成28年4月1日 至 平成29年3月31日）
売上高	504,459	489,095
売上原価	283,494	290,197
売上総利益	220,965	198,898
販売費及び一般管理費	188,083	169,535
営業利益	32,881	29,362
営業外収益		
受取利息	4,693	6,237
持分法による投資利益	1,887	20,271
その他	7,970	2,083
営業外収益合計	14,550	28,593
営業外費用		
売上割引	106	3
有価証券償還損	—	2,199
為替差損	18,356	5,256
その他	178	131
営業外費用合計	18,641	7,591
経常利益	28,790	50,364
特別利益		
固定資産売却益	9	185
投資有価証券売却益	398	64,589
特別利益合計	407	64,775
特別損失		
固定資産処分損	351	328
事業再編損	1,130	80
特別損失合計	1,482	409
税金等調整前当期純利益	27,715	114,730
法人税、住民税及び事業税	2,482	25,331
法人税等調整額	8,714	△13,183
法人税等合計	11,197	12,147
当期純利益	16,518	102,582
非支配株主に帰属する当期純利益	13	8
親会社株主に帰属する当期純利益	16,505	102,574

売上高 − 売上原価 ＝売上総利益

売上総利益 − 販売費及び一般管理費＝営業利益

営業利益＋営業外収益 − 営業外費用＝経常利益

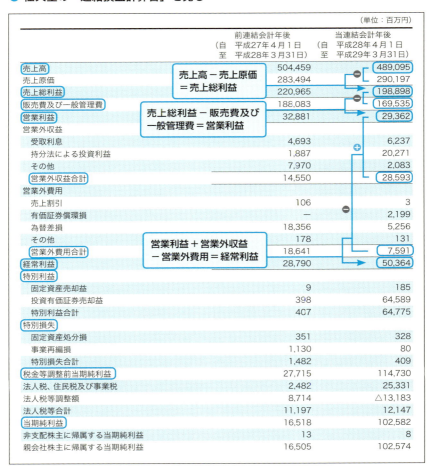

したがって、営業利益は、通常の業務（オペレーション）で出た利益になります。任天堂では約２９４億円です。営業利益に「**営業外収益**」を足して、「営業外費用」を引いたものが「**経常利益**」です。経常利益は「**けいつね**」などと呼ばれることもあります。

3 営業外収益にはどんなものがある

営業外の収益や費用にはどんなものがあるかというと、一般的には「**金利**」です。お金を貸したり、預金から金利を得た場合は営業外収益になり、逆に借金の金利を支払ったら営業外費用になります。大企業で多いのは「**為替の差損益**」です。海外に持つ資産や負債などで、外貨建てのものの評価額が、為替レートによって変わるからです。不動産を持っていて、その「**不動産の賃貸収入**」があると、不動産会社以外では、不動産賃貸業は本業ではないので営業外収益になります。

つまり、経常的に発生はするけれども、本業の通常の業務（営業活動）とは関係がない収益が営業外収益であり、費用が営業外

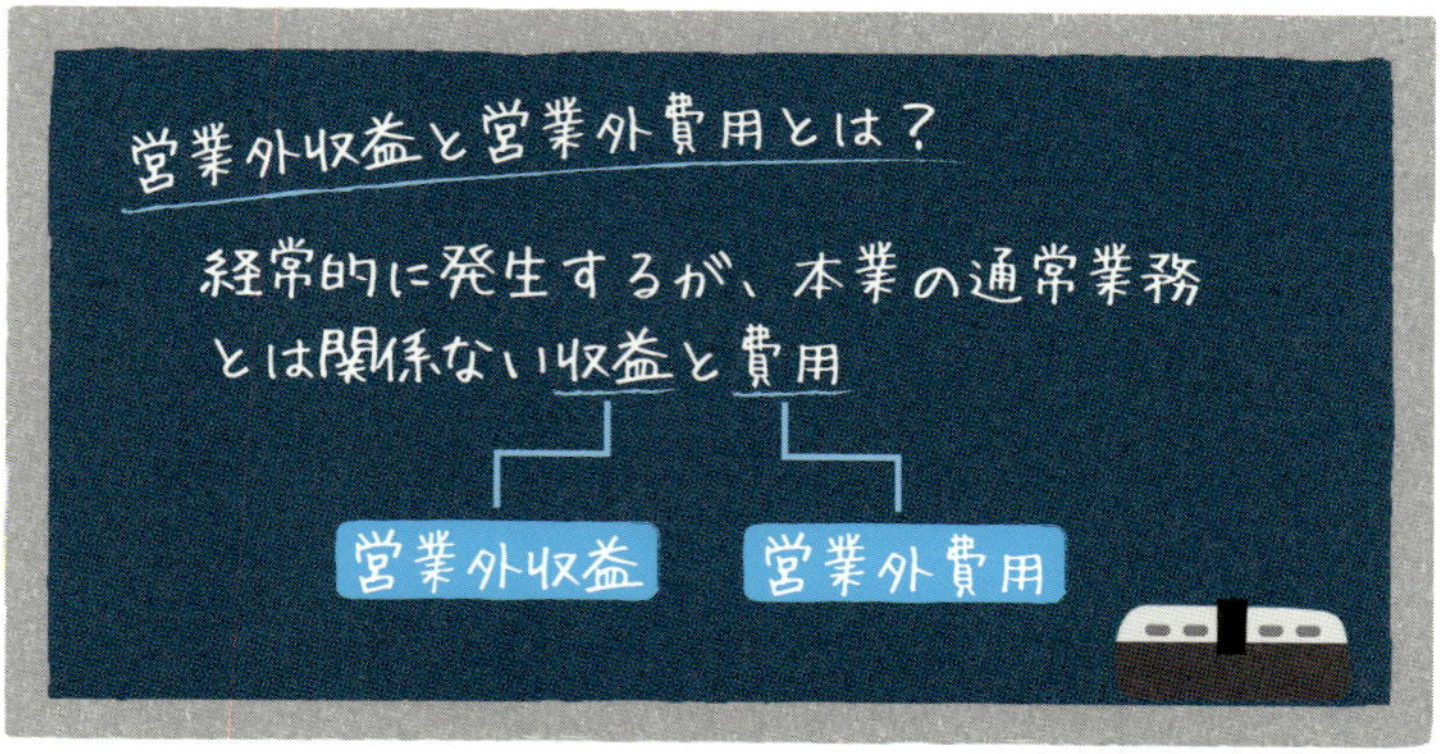

営業外収益と営業外費用とは？
経常的に発生するが、本業の通常業務
とは関係ない収益と費用
営業外収益
営業外費用

費用ということです。

一過性の利益や損失を「**特別利益**」「**特別損失**」といいます。たとえば、昔買った土地が高く売れた、台風で建屋が被害にあったなどです。「経常利益」から「特別利益」「特別損失」を調整したものが「**税金等調整前当期純利益**」です。米国基準やＩＦＲＳでは、この特別利益や特別損失という概念はありません（「特別利益」「特別損失」はこの章のあとに詳しくお話しします）。

さらに、そこから「**税金等**」を調整して、「**当期純利益**」（「親会社株主に帰属する当期純利益」が計算されます（下図参照）。

このように、「**売上高からさまざまな費用を引き、場合によっては本業以外の収益や税金等を調整して、最終的に会社は〝損〟をしたのか、〝利益〟が出たのかを計算したものが損益計算書**」です。

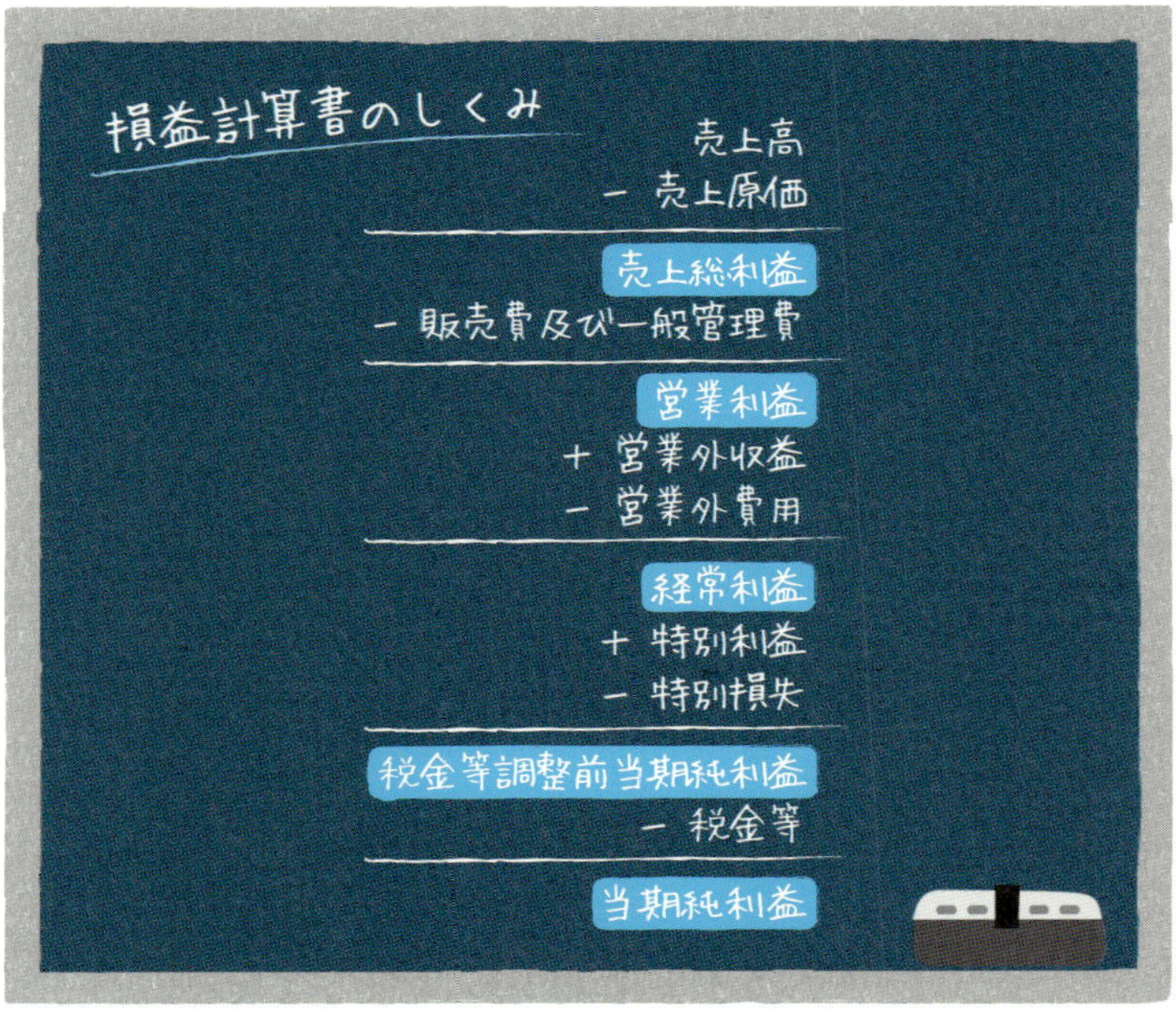

02 なぜ「売上高」はそんなに重要なのか？

1 売上高の多い少ないが会社そのものの存在意義に関わる

その会社の商品やサービスを販売した金額の合計が、売上高です。言い換えれば、「**お客さまから評価された結果が売上高で、売上高が減るということは、その商品やサービスに対するお客さまの評価が下がったこと**」を意味します。

会社の社会との接点の大きさが売上高に表れるので、会社のプレゼンス（存在）そのものといってもいいでしょう。だから、売上高はとても重要なのです。

戦略上の違った観点から見れば、市場のシェア（占有率）は利益ではなく、売上高で計算します。「**売上高によって、その市場での順位やシェアを比べる**」のです。

ですから、売上高が減って、シェアが落ちると、その商品やサービスは、お客さまにとって泡沫候補になってしまい、プレゼンスがどんどんなくなってしまいます。

つまり、**「売上高が減るということは、その商品やサービスのお客さまの評価が下がったということであり、それによって市場での存在価値も下がっていることを表します。ひいては、その会社そのものの存在価値も下がっているということを意味する」**のです。

もちろん、売上は伸びているけれども、利益が増えない、出ない場合もありますが、それはどこかに大きな問題があるからです。**「売上が伸びれば、利益も増えるのが一般的」**です。

このように、売上高はその会社の存在そのものであり、非常に重要なものなのですが、それを理解していない人がいます。

まずは、この至極あたりまえのことを認識して、損益計算書を見るときには、**「売上高がいくらなのか、どれくらい伸びているのか、または減っているのかを見る」**ようにすることが大切です。

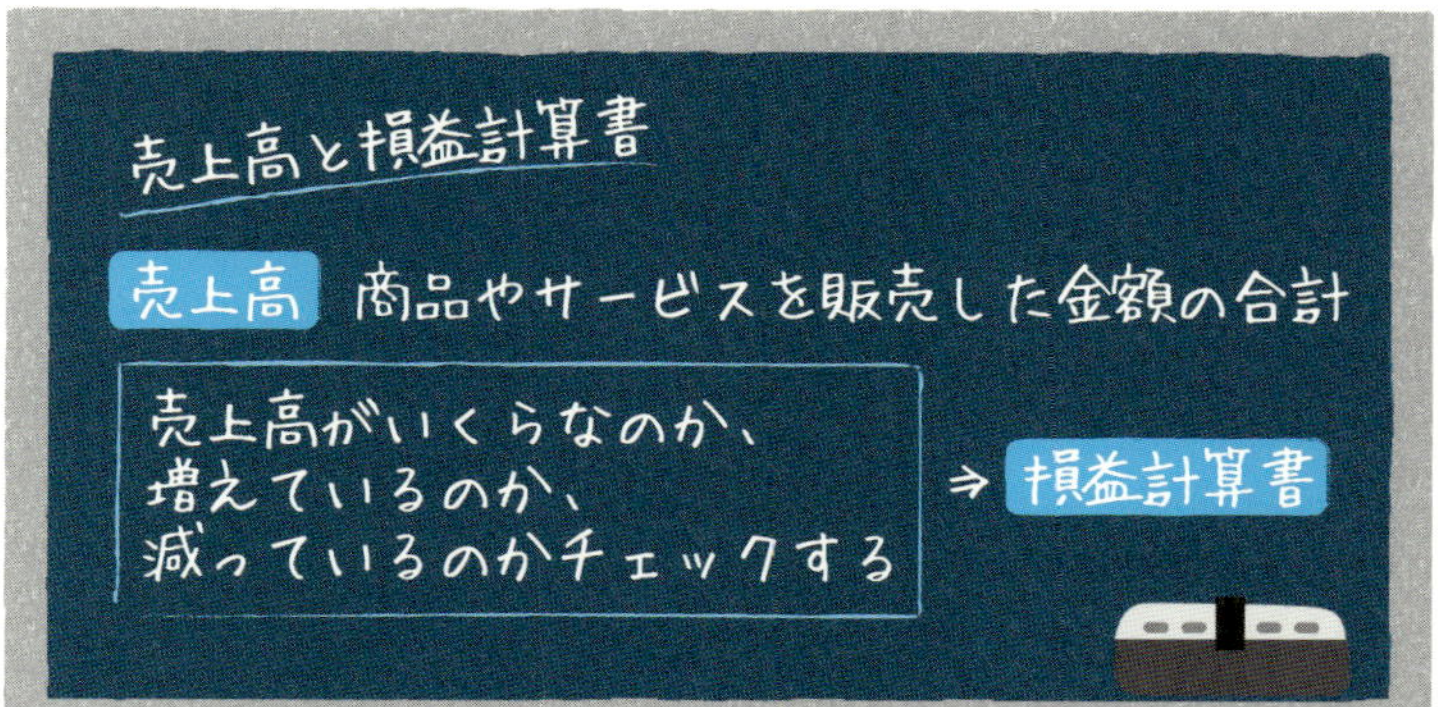

03 「売上原価」を見るときの注意点

1 売上原価における最大の注意点

「売上原価は、売上高に直接関わる費用で、売れた商品やサービスに関してかかった費用」のことです。ここで大切なのは、「**売上原価は、売れた分の原価だけ計上する**」という点です。まだ売れずに倉庫に残っている製品や商品の原価は、売上原価には入りません。それらは、貸借対照表の棚卸資産に入ります。いわゆる「**在庫**」ですね（一般的に、「製品」は自社で製造したもの、「商品」は仕入れたものです）。

売上原価と似て非なるものに製造原価があります。「**製造原価は、製造に関わる費用のことで、具体的には労務費（製造に関わる人件費）と原材料費、そのほかの費用（電気代・ガス代・建物の減価償却費など）**」です。この「**〝製造原価〟もいったんは棚卸資産となり、そのうち、売れた製品の原価だけが〝売上原価〟になる**」のです。

売上原価がくせものなのは、この売れた分だけ計上する点です。たとえば、1万個買うと1個100円の原材料が、10万個買うと1個90円になるとします。大量に買うと1個あたりの価格が安くなることはよくあります。そうすると、1万個買ったときよりも10万個買ったときのほうが、売上原価が下がり、その分利益が増えます。ところが10万個の原材料分すべてが売れればいいのですが、売れなかったらどうなるでしょう。そうです。在庫の山となってしまいます。

「経営者がこれを意図的にやると、粉飾ではありませんが、合法的に利益の水増しをすることができます」。売り上げた分だけの費用を計上するというのが財務会計の大原則で、逆にいえば、これが財務会計の限界だということです。

2 売上原価を見るときには必ず棚卸資産をチェックせよ

損益計算書を見て、売上原価が下がり、売上総利益が増えていたら、一般的には「素晴らしい」ことですが、「**必ず貸借対照表の**

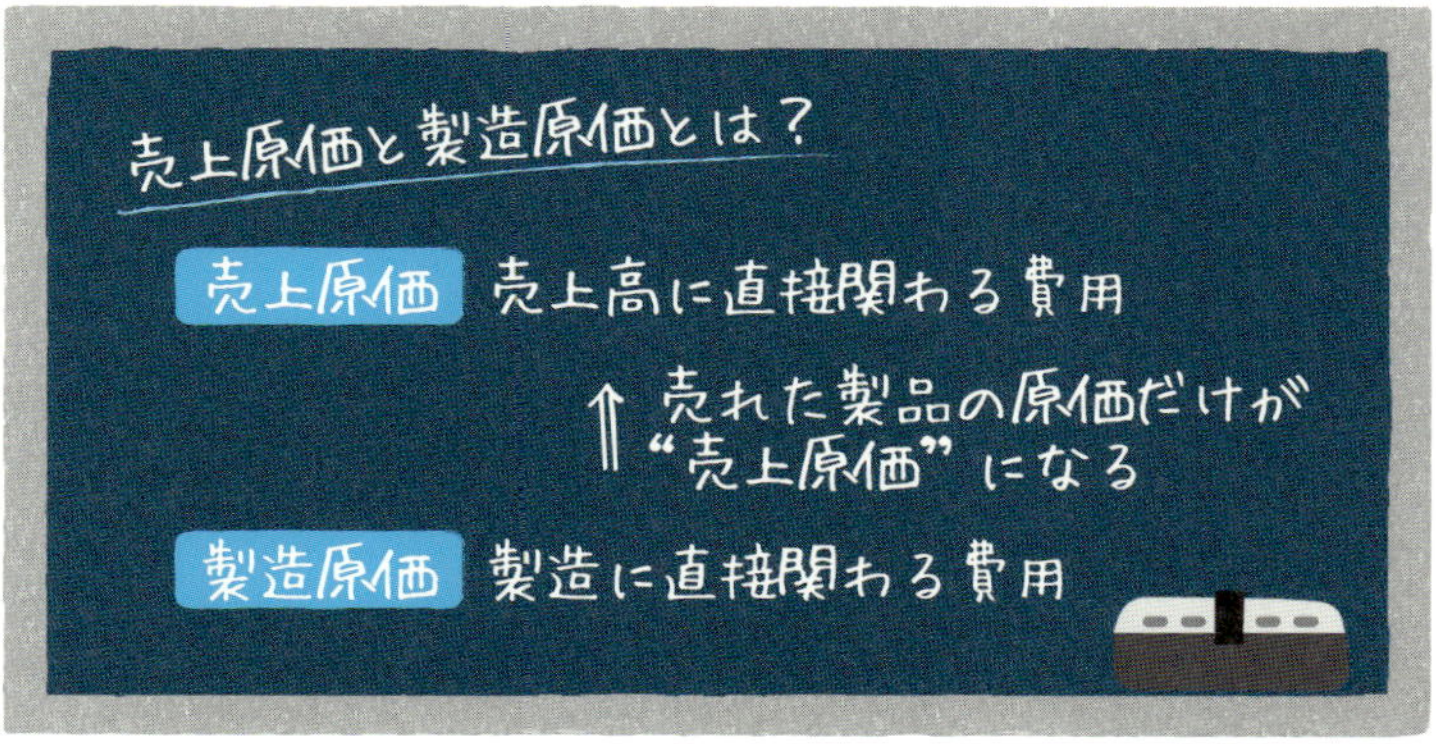

売上原価と製造原価とは？
売上原価
売上高に直接関わる費用
売れた製品の原価だけが
“売上原価”になる
製造原価
製造に直接関わる費用

棚卸資産をチェック」してください。棚卸資産が急激に増えている場合は、必要以上の在庫が倉庫に眠っている可能性があります。「**不良在庫になるリスクも大きいですし、大量の原材料を買ったことで資金繰りが悪くなっている可能性も**」あります。

場合によっては、貸借対照表の現預金の残高もチェックする必要があります。

3 決算書は多面的に見ないと何も見えない

このように、「**決算書はある一部だけを見ても、それがいいことなのか、悪いことなのか分からない場合がある**」のです。ですから、決算書を見るときには、「**多面的に見ることが大事**」になります。

売上原価は、売れた分の原価だけが計上されているにすぎないこと、財務会計にも限界があり、「**経営者が利益を水増ししようとすれば合法的にできてしまう**」ことを覚えておいてください。

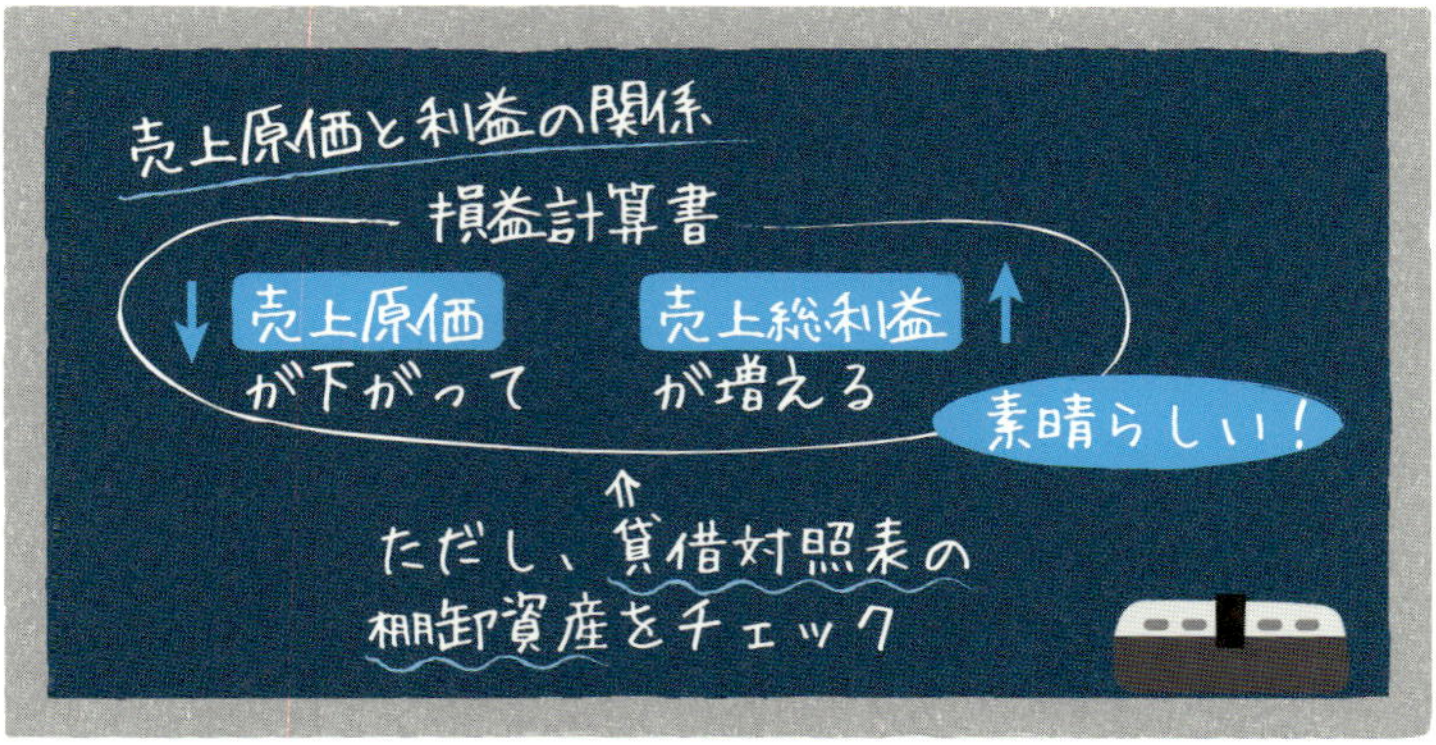

売上原価と利益の関係
損益計算書
売上原価
が下がって
売上総利益
が増える
素晴らしい！
ただし、貸借対照表の
棚卸資産をチェック

4 上級編 財務会計の限界を補った管理会計を知っておこう

会計には、税務会計と財務会計があるとお話ししましたが、実はもうひとつあります。それが**「経営者の意思決定や業績の測定・評価などのために行われる〝管理会計〟」**です。

たとえば、商品やサービスの売れた分の原価だけを計上するのではなく、その決算期間に仕入れた原材料費すべてを計上すると、果たして大量仕入れによる財務会計上の原価低減が、在庫やキャッシュフローも含めて経営的に得だったのか損だったのかが分かります。少し専門的になりますが、これが、**「直接原価計算」**と呼ばれるやり方です。

財務会計にも限界があることを認めて、それとは違う計算による管理会計を構築することで、経営者は正しい意思決定ができるのです。

決算書を読み解こうとしたとき、財務会計だとどうしても読み解けない限界があります。それを補ったのが、“管理会計”です。

04

「粗利」ってよく聞くけど何のこと？

1 売上総利益と粗利のビミョーな違い

「売上高から売上原価を引いたものが、〝売上総利益〟」です。この売上総利益のことを「**粗利**《あらり》」と呼ぶ場合があります。粗利は、会計上の言葉ではないため、定義はありませんが、私は次のように解釈しています。

「**卸売業や小売業で、完成品（商品）を仕入れて、それをそのまま販売するとき、その販売価格と仕入れ価格の差額**」を粗利と呼びます。

一方、「**製造業の場合は、原材料を仕入れて、それを加工して完成品をつくって販売します。その製造に携わった人の人件費や減価償却費も売上原価に入る点が、卸売業や小売業との違い**」です。つまり、販売価格と仕入れ価格の単純な差額ではないため、粗利とはいいません。

ただ、こうしたことを知らずに、単純に売上総利益のことを粗利と呼んでいる人もいます。定義がないので、それが間違いだというわけでもありません。

卸売業や小売業では、粗利と呼ばれる売上総利益が付加価値そのものです。「利は元にあり」とよくいわれますが、**「卸売業や小売業では、仕入れ価格を下げれば下げるだけ利益が増えます。そのため、製造業以上に、粗利と呼ばれる売上総利益＝付加価値額が大事になる**」ことは間違いないでしょう。

2 高収益企業の見分け方

卸売業や小売業は、売上総利益が付加価値額になります。製造業では、この売上総利益に、製造に関わる人件費や減価償却費などを足し戻したものが付加価値額です（要するに、少しおおざっぱですが、売上高から仕入れたものを引いたものが付加価値です。ただし、損益計算書だけでは、その中身は分かりません。製造原価の内訳を知る必要があります）。この「**付加価値額の2割の営業利益が出ていれば、その会社は高収益**」だと私は判断しています。

売上高の1割の営業利益が出ていれば高収益企業だという見方もありますが、売上総利益率（売上総利益÷売上高）は業種によってかなり違います。卸売業や小売業は、売上総利益が売上高の2割前後というところも少なくありません。一方、ＩＴ系の企業などではそれが5割を超えるところも珍しくありません。そこで、「**すべての業種を比較する場合は、付加価値額の2割の営業利益が出ているかどうかで、その会社が高収益かを私は判断しています**」。

05 営業利益でその会社の実力が分かる

1 なぜ営業利益でその会社の実力が分かるのか？

「**売上総利益から、営業活動に一般的にかかる費用である販売及び一般管理費（販管費）を引いたものが〝営業利益〟**」です。

販管費のことを「製造に関わらない費用すべて」と説明している本もありますが、金利の支払いなどは営業外費用として計上されるので、正確ではありません。正しくは、「**販管費＝製造に関わらない費用で通常のオペレーションに関する費用**」となります。具体的には、販売に関わる費用である広告宣伝費や、本部や管理部門に関わる人件費や家賃などです。

「**営業利益は、その会社の通常のオペレーションによって生み出される利益であるため、その会社の本業の実力を反映している**」といえます。

2 日本マクドナルドの場合

日本マクドナルドの連結損益計算書を見てみると、平成27年12月期は、約234億円の赤字です。つまり営業利益ではなく営業損失になっています。なぜそうなったのかといえば、売上高合計と売上原価合計がほぼ同じくらいの金額で、原価率100パーセントに近いため、売上総利益が約18億円しかありません。そこから販管費の約252億円を引くわけですから、ほとんど販管費分が丸々赤字になっています。

平成28年12月期は、売上高が伸び、それに伴う売上原価の伸びはある程度抑えられ、原価率が下がりました。さらに販管費が少しですが減ったため、約69億円の営業利益が出ました。

このように「**営業利益を黒字にすることが、会社が成り立つ大前提**」となります。

● 日本マクドナルドの「連結損益計算書」を見る

（単位：百万円）

	前連結会計年後 （自 平成27年1月1日 至 平成27年12月31日）	当連結会計年後 （自 平成28年1月1日 至 平成28年12月31日）
売上高		
直営店舗売上高	142,539	164,136
フランチャイズ収入	46,933	62,509
その他売上高	0	－
売上高合計	189,473	226,646
売上原価		
直営店舗売上原価	142,513	147,994
フランチャイズ収入原価	45,151	47,303
その他売上原価	0	－
売上原価合計	187,665	195,297
売上総利益	1,807	31,348
販売費及び一般管理費	25,247	24,417
営業利益または営業損失（△）	△23,440	6,930
営業外収益		

約234億円の赤字

約69億円の黒字

06 経常利益で何が分かるの？

1 営業外の収益と損失を加算する

「**営業利益に営業外の収益を加え、営業外の費用を引いたものが〝経常利益〟**」です。通常のオペレーション以外に、経常的に、毎年のように入ってくる収入や毎年のように出ていく費用を加減しているわけです。

具体的には、受取利息や受取配当金、支払利息、持っている不動産を貸している場合の賃料などです。さらに、関連会社の利益や損失も、「**持分法による投資利益・投資損失**」という科目で営業外収益と営業外費用に計上されます。

2 子会社と関連会社の会計上の違いを知っておこう

ここで大事なのは、子会社と関連会社の会計上の違いを理解しておくことです。「**子会社は原則、すべての勘定科目を合算**」します。親会社が１００億円の売上高で、子会社の売上高が５億円なら、「**連結**」した売上高は１０５億円になります。このように費用もすべて合算します。「**損益計算書だけでなく、貸借対照表など、ほかの決算書の科目も原則、すべて合算するのが子会社**」です。

ただし、親子間の取引は除きます。子会社が親会社に商品を販売した場合、それは子会社にとっては売上で、親会社にとっては仕入れですが、グループ内の取引なのでグループ全体として見れば相殺されるからです。

親会社が子会社にお金を貸している場合も、子会社にとって借入金は負債ですが、親会社にとって貸付金は資産となり、これも相殺されます。こうした「**グループ間の取引を除いて、すべての勘定科目を合算するのが子会社**」です。

一方、「**関連会社はすべてを合算するのではなく、持ち分に応じてその関連会社の最終的な利益や損益を計上**」します。８億円の純利益を出している関連会社の株式を30パーセント所有している場合は、営業外収益に「持分法による投資利益」として２・４億

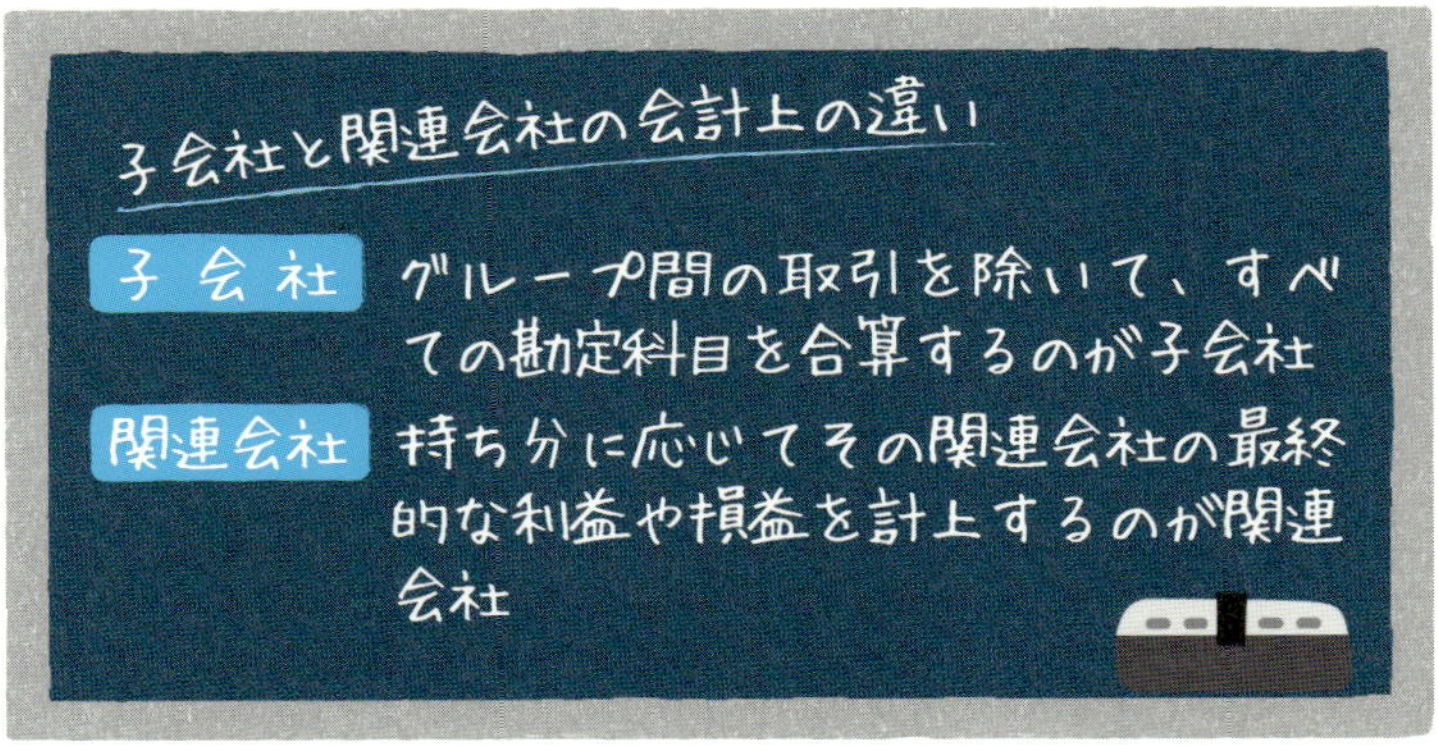
子会社と関連会社の会計上の違い
子会社
グループ間の取引を除いて、すべての勘定科目を合算するのが子会社
関連会社
持ち分に応じてその関連会社の最終的な利益や損益を計上するのが関連会社

円（8億円×30パーセント）が計上されます。

逆に損失が出ている関連会社がある場合には、営業外費用に持ち分に応じた損失を計上します。関連会社が多数ある場合は、それらの利益と損失を全部足しあわせて、プラスなら営業外収益に、マイナスなら営業外費用に計上します。

こうした関連会社の業績は、営業外収益・費用に1行しか載っていないことが多いため、「**1行連結**」と呼ばれることもあります。

3 連結される子会社がより厳格に

では、子会社と関連会社をどうやって区別するのでしょうか？

2000年3月期より以前、連結決算制度が整備される前は、50パーセント超の株式（議決権）を持っている会社を子会社としていました。50パーセント超の株式を持っていれば、その会社を支配できるからです。

ところが、大量の負債を抱えている子会社があったとしても、意図的に50パーセント未満まで株の保有を下げれば、子会社として合算しなくてもよくなります。これを「**連結外し**」と呼びます。

連結外しをされると、決算書のどこを見ても負債を抱えた関連会社があることが分からなくなってしまいます。これは投資家にとっては大変な問題です。49パーセントしか株を持っていなくても、その会社が倒産に追い込まれたら、実際には親会社が助けなければならなくなるケースも少なくないからです。

こうした観点から、「**2000年3月期の決算から、社長を送り込んでいたり、取締役会の過半数が親会社から来た人であったり、親会社が大量に貸しつけていたり、取引の大部分が親会社であるなど、実質的に支配している場合には、40パーセント程度しか株式を持っていなくても子会社として連結するようにルールが変更**」されました。

子会社と関連会社は少しややこしいので、しっかり理解しておきましょう。
子会社、関連会社、持分法、連結外しといった言葉も覚えておいてください。

07 特別利益や特別損失って何？

1 一過性の特別な利益や損失もちゃんと計上する

「経常利益に経常的ではない利益や損失、つまり一過性の利益や損失である特別利益や特別損失を加減したものが〝税金等調整前当期純利益〟」です。

具体的にどんな特別利益や特別損失があるのか、ここでも日本マクドナルドの損益計算書を見てみましょう（次頁下図参照）。

2 一過性の特別な利益や損失は特別な勘定科目で処理する

平成27年12月期の特別損失を見ると「**店舗閉鎖損失**」として約9億円、「**店舗閉鎖損失引当金繰入額**」として約16億8000万円がそれぞれ計上されています。これは、業績不振に陥り、多くの店舗を閉鎖したことによる損失と、そのための引当金（将来発生する損失に備え、前もって準備しておくお金）を特別損失として計上したものです。

さらに、もう一期前の平成26年12月期の損益計算書の特別損失を見ると、「**上海福喜問題関連損失**」として約23億円が計上されています。これは鶏肉偽装事件に関連した損失です。

このように、「**経常的ではない一時的な利益や損失は、特別な勘定科目をつくって特別利益や特別損失として計上する**」のです。

ただし、先にも触れたように、「米国基準」や「IFRS」ではこの「特別利益」「特別損失」という概念はありません（49頁参照）。すべて営業利益や経常利益を計算する段階で処理されます。

日本マクドナルドの「連結損益計算書」で「特別損失」を見る

（単位：百万円）

	前連結会計年後 （自 平成26年1月1日 至 平成26年12月31日）	当連結会計年後 （自 平成27年1月1日 至 平成27年12月31日）
売上高		
直営店舗売上高	159,749	142,539
特別損失	0	－
固定資産除却損	339	506
固定資産売却損	99	89
減損損失	7,761	3,542
店舗閉鎖損失	－	927
店舗閉鎖損失引当金繰入額		1,681
早期退職制度関連費用	－	550
サプライチェーン契約精算損失	－	1,961
上海福喜問題関連損失	2,294	－
特別損失合計	10,495	9,259
税金等調整前当期純損失（△）	△18,469	△35,158

そのために必要なお金をあらかじめ準備しておく

鶏肉偽装事件に関連した損失

多くの店舗を閉鎖したことによる損失

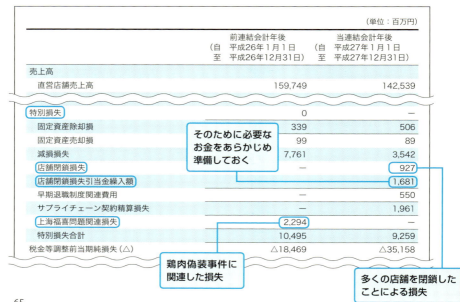

08 税金は、その年に実際に支払った税金額とはかぎらないのがミソ

1 「税金等調整前」って何？

「税金等調整前当期純利益から税金を引いたものが〝当期純利益〟」です。

ここまで、「売上総利益」「営業利益」「経常利益」「税金等調整前当期純利益」「当期純利益」と5つの利益が出てきましたが、もちろん、黒字の場合が利益であり、赤字なら損失です。「売上総損失」「営業損失」「経常損失」「税金等調整前当期純損失」「当期純損失」となります。

「税金等調整前」から税金等を調整しているのですが、**「上場企業の場合、ここに計上されているのは、実際に支払った税金額ではなく、理論上、支払うべき税金額を計上」**しています。ちょっとややこしいですが、「**税効果会計**」と呼ばれる基準があり、「**将来支払わないといけない税金や、戻ってくる可能性のある税金も調整している**」のです。

「**上場していない企業の場合は、その年に支払うべき税金額を計上**」しています。

2 中級編 当期純利益は2つに分けて考える

そして、損益計算書の1番下、最後の利益が「**親会社株主に帰属する当期純利益**」です。そのひとつ上には、「**非支配株主に帰属する当期純利益**」というのもあります。当期純利益をこの2つに分けているのです。

数年前までは、この非支配株主に帰属する当期純利益は、「**少数株主持分**」という書き方をしていましたが、これは名称が変わっただけで同じ意味です。

連結する子会社は、親子間の取引を除いてすべての勘定科目を合算するとお話ししました。しかし、子会社の中には、株式を100パーセント持っている子会社もあれば、70パーセントしか持っていない子会社もあります。

「**70パーセントの株式を持つ子会社には、30パーセントの株式を持っている非支配株主（少数株主）がいるので、その分を除外する必要があります**」。子会社では、すべての科目を合

● **日本マクドナルドの「連結損益計算書」で「親会社株主に帰属する当期純利益」を見る**

（単位：百万円）

	前連結会計年後 （自 平成27年1月1日 至 平成27年12月31日）	当連結会計年後 （自 平成28年1月1日 至 平成28年12月31日）
売上高		
直営店舗売上高	142,539	164,136
法人税等合計	△212	1,094
当期純利益又は当期純損失（△）	△34,946	5,394
非支配株主に帰属する当期純利益	5	27
親会社株主に帰属する当期純利益又は親会社株主に帰属する当期純損失（△）	△34,951	5,366

当期純利益を２つに分けている

算しているので、非支配株主に帰属すべき利益をマイナスして計上しているのです（損失ならその分を足し戻します）。

もし、**「非支配株主の持分が、保有者にとって関連会社の扱いをしているのなら、それは先ほどお話ししたように、持ち分法適用会社の利益として、その非支配株主の〝営業外収益〟に計上」**されます。たとえば、A社が80パーセントの株式を持ち、B社が20パーセントの株式を持つ会社C社があったとします。C社の純利益が100万円なら、A社の損益計算書には、親会社株主に帰属する当期純利益が、100万円から20万円（B社分の非支配株主に帰属する当期純利益）を引いた80万円となります（B社の損益計算書にも、20万円が営業外収益として計上されます）。

こうして非支配株主に帰属する当期純利益20万円を引かないと、日本中の会社の純利益を足しあわせたときに、実際の純利益よりも多くなってしまいます。ですから、株式を100パーセント持っていない子会社がある場合には、その持ち分に応じて純利益を控除するのです。

ちなみに、上場企業の決算に関する記者会見の際、「営業利益と経常利益には責任があるが、災害などによる純損失は自分の責任ではない」というふうに発言する経営者がいますが、言語道断です。純損失が大きくなれば、貸借対照表の純資産の部の株主資本にある利益剰余金がマイナスになって債務超過ともなりかねません。倒産することだってあり得ます。したがって、**「経営者は、損益計算書の1番下の純利益（純損失）まで責任を持つのが当然」**なのです。

09 利益がなぜ大切なのか？

1 その会社がどれだけ工夫しているのか分かるのが「利益」

売上は、お客さまの評価であり、社会との接点です。では、「**利益が何かといえば、その会社がどれだけ工夫したかの結果**」です。お客さまに喜んでもらって売上が伸びたとしても、何の工夫もせずコストのコントロールを間違えば、赤字になってしまうかもしれません。

基本的には、「**売上が増えれば、利益はそれ以上の割合で増えます**」。なぜなら、「**売上が増えても固定費は増えない**」からです。そういった意味では、お客さまの評価も当然、利益に影響をおよぼします。

仕入れなどは「**変動費**」と呼ばれます。これは、売上が増えれば、それに伴って売上原価も増え、変動する費用だからです。一方、営業所の家賃など販管費の多くは固定費です。売上に関係なく、一定の費用だからです。

売上が１００で、変動費が35、固定費が35だとしたら、利益は30です。売上が１２０に増えたら、変動費は42に増えますが、固定費は同じ35のままで、利益は43に増えます。30％（30÷１００）だった利益率は、売上が増えたことで36％（43÷１２０）に増加します。

売上が２倍になったからといって、社長が２人必要になるわけではありません。

逆にいうと、「**売上が伸びているにもかかわらず、その会社の本業での儲けを表す営業利益率が下がっている会社は、注意が必要**」です。もちろん、急拡大にともなう設備投資などにより、固定費となる減価償却費などが増加することがありますが、売上の伸び以上に売上原価の割合が上がっていないか、販管費がコントロールできずに増えているかなどにチェックが必要です。

● 売上が増えれば利益が増えるしくみ

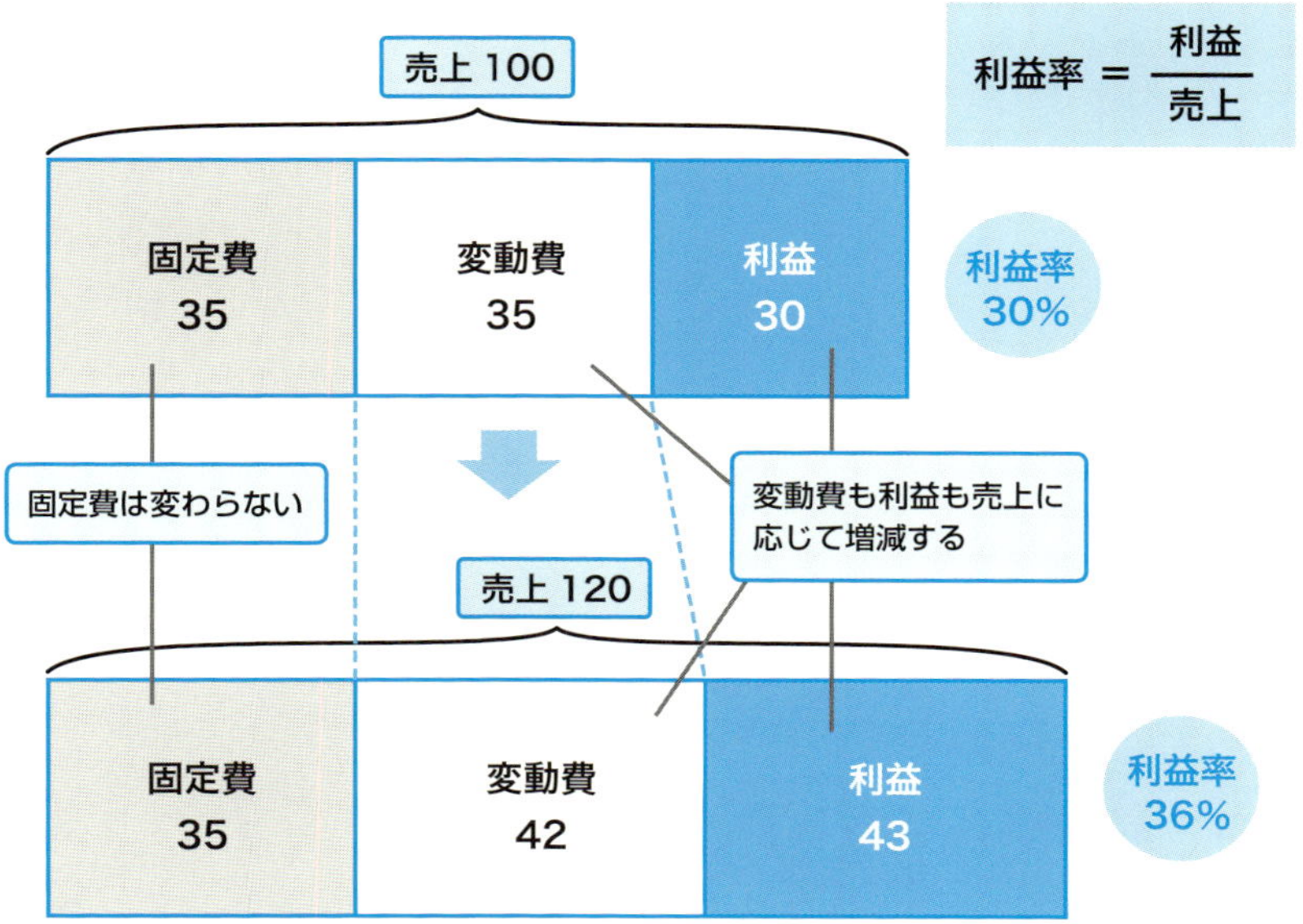

利益は目的でなく手段

経営を効率化するためにどれだけ工夫をしているのかで、その会社の利益が変わってきます。**「利益は工夫の尺度」**だということです。

そして、利益は別の見方をすると「手段」です。では、どんな目的を達成するための手段なのか、5つ挙げてみましょう。

❶ 会社を延命するための手段

長く会社を経営していれば、思いもかけない不慮の災害にあうこともあれば、長期の不況を経験することもあります。**「不測の事態に備えるために、利益を貯めておく」**ことが重要なのです。

経営の神様、松下幸之助さんは、**「ダム経営」**とおっしゃいました。ダムに水を溜めておけば、日照りが続いても下流に安定して水を供給できます。経営もそれと同じで、ある程度、余裕のある経営をしなさいと説いたのです。

これとは逆に、ぎりぎりの資金で経営するのがうまい経営だと思っている人がいますが、こうした人は会社をつぶしかねません。**「お金の面でも、そして心の面でも余裕のある人のほうが会社を成長させることができる」**のです。

❷ 利益は未来投資のための手段

前にお話ししたように、**「減価償却費以上に投資を行うことが大切」**です。将来のためにそれだけの投資をするには、一定以上の利益を出す必要があるのです。もちろん、未来投資には設備投資だけでなく、優秀な人材の獲得や維持などのための投資も含まれます。

❸ 働く人の待遇を改善するための手段

働く人の待遇改善にも利益が必要です。ダメな経営者ほど、給料を削ろうとします。給料が減って喜ぶ従業員はいません。多くの人は、給料が上がったときに「もっとがんばろう」と思うはずです。

一倉定《いちくらさだむ》先生は、**「同じ地域の同業者より1割多い給料を払え」**とおっしゃいました。これは言い得て妙で、人生や生き方の勉強を十分にしていない人にあまりたくさんの給料を払うと遊んでしまう。だから1割多いぐらいが丁度いいのです。

一代で一部上場会社をつくった経営者から聞いたのは、**「1000万円以上の給与を何人に払っているかが会社の格だ」**ということです。一生懸命働いてくれて、会社への忠誠心も高い幹部には、1000万円以上の給料を払ってあげないと経営者はダメだということです。そのためにも、十分な利益を出す必要があります。

中小企業は給料が安いと思っている人が多いですが、それは大きな間違いで、中小企業でも本当に優良な会社の給料は非常に高いです。もちろん、そうではない中小企業のほうが多いのも事実ですが、高い給与を支払えるほど、お客さまから見た商品やサービスでの十分な差別化を行えば、どの会社でも高収益企業となれる可能性はあります。

❹株主への還元のための手段

利益をきちんと出して、**「株主へ配当することはとても大切」**です。

❺しっかり稼いで、ちゃんと税金を納める

「社会への還元」です。税金がなければ、学校教育も、警察や消防、救急などもできなくなります。赤字の会社は税金を払いません。利益を出して税金を払う会社がいい会社です。

「利益を出して、〝会社の延命〟〝未来への投資〟〝働く人の待遇改善〟〝株主への還元〟〝社会への還元〟の5つを実現する」ことが大切です。これは、別の言い方をすれば、利益というのは、会社、働く人、お客さま、株主、社会を良くするためのコストなのです。赤字が悪なのは、働く人、会社、社会などへの貢献ができないからです。「なぜ利益を出さなければいけないのですか？」と聞く人に対して、こうしたことをきちんと教えることも重要です。

一方、売上や利益が目的化すると東芝のようになってしまいます。**「会社の存在意義は、〝良い商品やサービスをお客さまに提供し、喜んでもらって社会に貢献すること〟と〝働く人を活かし、幸せにすること〟の2つ」**です。これができていたら、結果として利益は出るものなのです。

10 数字を比べると見えてくるもの

1 同業他社と比べてより生産性を上げる

売上や利益などの数字は、増えているのか減っているのかを知ることも大切です。そのためには、**「前年の実績と比べる」**必要があります。場合によっては、3年間、5年間、10年間の数字を比べる必要があるかもしれません。

また、**「同業他社との比較も重要」**です。比べないと、自社の経営の効率がいいのか、劣っているのかが分かりません。

たとえば、セブン-イレブンは、1年間の平均で1店舗あたりの1日の売上が約65万円なのに対して、ローソンやファミリーマートはおおよそ55万円前後です。この数字は、ここ15年くらいずっと一緒です。毎日約2割も1店舗あたりの売上が違うのです。なぜこの差が縮まらないのか、原因を考える必要があるでしょう。

私は、その差は「**徹底**」にあると思っています。コンビニエンスストアでは「**品ぞろえ、鮮度、クリーンリネス（店の清潔さ）、フレンドリーサービス**」が成功の大きな要素だといわれています。これはどのコンビニチェーンでもよく分かっていることですが、その徹底の度合いが違うのです。セブン-イレブンは、ほかのコンビニエンスストアより品切れが少ないと私は思っています。それは店長が近くの学校などを回って、運動会などのイベントを調べるといったことを地道にやっているからです。店の外に置かれた灰皿もやはり、セブン-イレブンがきれいなことが多いです。これは「**〝意識〟の伝わり方の問題**」だと私は考えています。

一方、「働き方改革」が声高に叫ばれていますが、「**大切なのは経営効率を上げて、生産性を上げること**」です。個人としても、仕事の効率を上げて生産性を上げれば、残業をする必要がなくなります。時短だけで生産性が同じなら、給料が減るだけです。給料を減らしたくないと長時間労働をすれば、疲弊した人たちばかりになりやはり効率が下がってしまいます。

これは、本人はもちろん、経営者や投資家にとっても、ひいては社会にとっても不幸なことです。ですから、経営者や働く人は生産性を上げる努力を行わなければなりません。一方、投資家も同業他社との生産性をしっかり見比べて投資をすることが必要なことはいうまでもありません。

2 セグメント情報から成功している部門と失敗している部門を把握する

「**セグメント情報を出している会社は、セグメントごとの売上高や利益なども見たほうがいい**」

でしょう。

　セブン＆アイ・ホールディングスなら、約３６００億円の営業利益を出していますが、その多くはセブン‐イレブンの利益です。次がセブン銀行です。イトーヨーカドーや百貨店は利益率が低く、デニーズも低迷しています（下図参照）。

　このように、大企業といえども、すべての事業が黒字とはかぎりません。どの事業が稼ぎ頭なのか、どの事業が不採算なのかを知り、事業ごとの収益性や将来性も考えあわせて、その企業の業績や将来性を判断する必要があります。

● セブン＆アイ・ホールディングスの「セグメント情報」を見る

（単位：百万円）

	平成29年2月期			
	営業収益		営業利益	
		前年同期比		前年同期比
国内コンビニエンスストア事業	901,306	4.4%増	243,839	3.7%増
海外コンビニエンスストア事業	1,658,542	8.9%減	67,421	0.9%増
スーパーストア事業	1,949,313	1.7%減	20,228	417.3%増
百貨店事業	729,612	5.1%減	2,867	5.7%減
金融関連事業	201,932	4.9%増	50,136	0.9%増
専門店事業	450,488	3.7%減	△11,276	-
その他の事業	23,854	21.4%減	4,005	13.9%減
計	**5,915,050**	**3.4%減**	**377,223**	**4.7%増**
消去および当社	△79,360	-	△12,650	-
合計	**5,835,689**	**3.5%減**	**364,573**	**3.5%増**

スーパー、百貨店は利益率が低い

セブン‐イレブンが利益のほとんどを占める

セブン銀行は利益に貢献している

レストラン事業をはじめ、その他の事業も苦戦している

2時限目

「貸借対照表」って何?

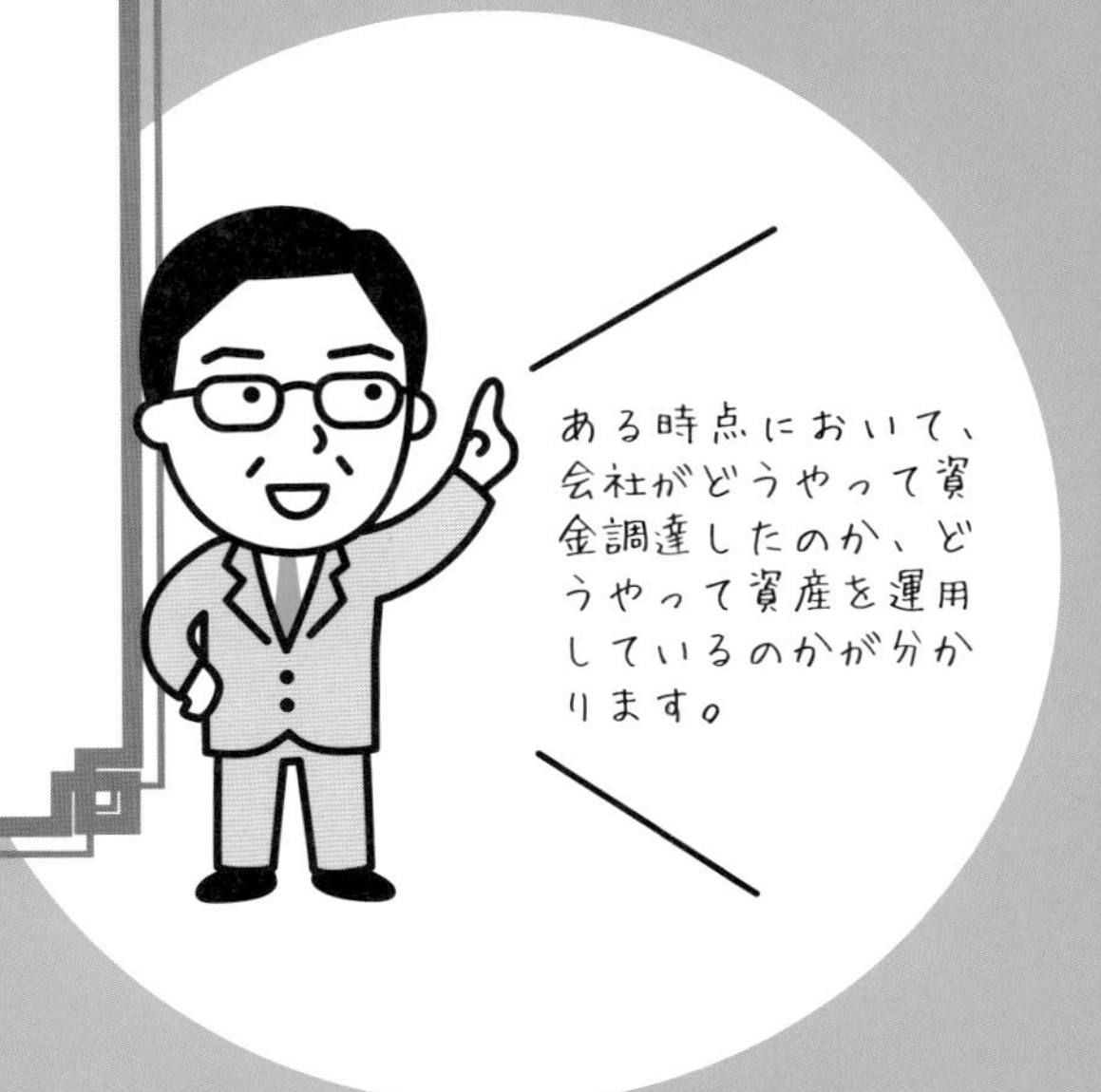
ある時点において、
会社がどうやって資
金調達したのか、ど
うやって資産を運用
しているのかが分か
ります。

01

貸借対照表
右側の負債と純資産で資金調達し、左側の資産で運用する

1 右側と左側の合計金額は必ず同額になる

損益計算書が1年間の数字であったのに対して、**「貸借対照表は、ある時点での会社の〝資産〟〝負債〟〝純資産〟の3つの状況を表したもの」**です。

貸借対照表の左側が「資産の部」です。「**資産とは、その会社が持っている財産**」のことです。それを財務会計として決められた分類ごとに記載しています。原則、買ったときの値段で載っています。資産は、大きく「**流動資産**」と「**固定資産**」の2つに分かれます。

流動資産には、「**現金預金**」「**売掛金**」「**棚卸資産**」などがあります。棚卸資産をさらに細かく分類して、「原材料」「仕掛り品」「製品・商品」など、それぞれの勘定科目ごとに表記している会社もあります。

「それらの資産を買うためにどうやってお金を調達したかというのが、貸借対照表の右側」で、

「負債の部」と**「純資産（資本）の部」**の２つに分けられています。

「負債とは、借りているお金で返さないといけないお金」です。

「純資産とは、株主から預かっているお金で、基本的には会社を解散しないかぎり返さなくてもいいお金」です。

「貸借対照表の右側の負債と純資産で資金を調達し、左側の資産という形でそれを運用している」と考えればいいと思います。

ですから**「貸借対照表は、必ず右側の合計金額と左側の合計金額が一致」**します。このため、貸借対照表は、「バランスシート」とも呼ばれるのです。

● 貸借対照表のしくみ

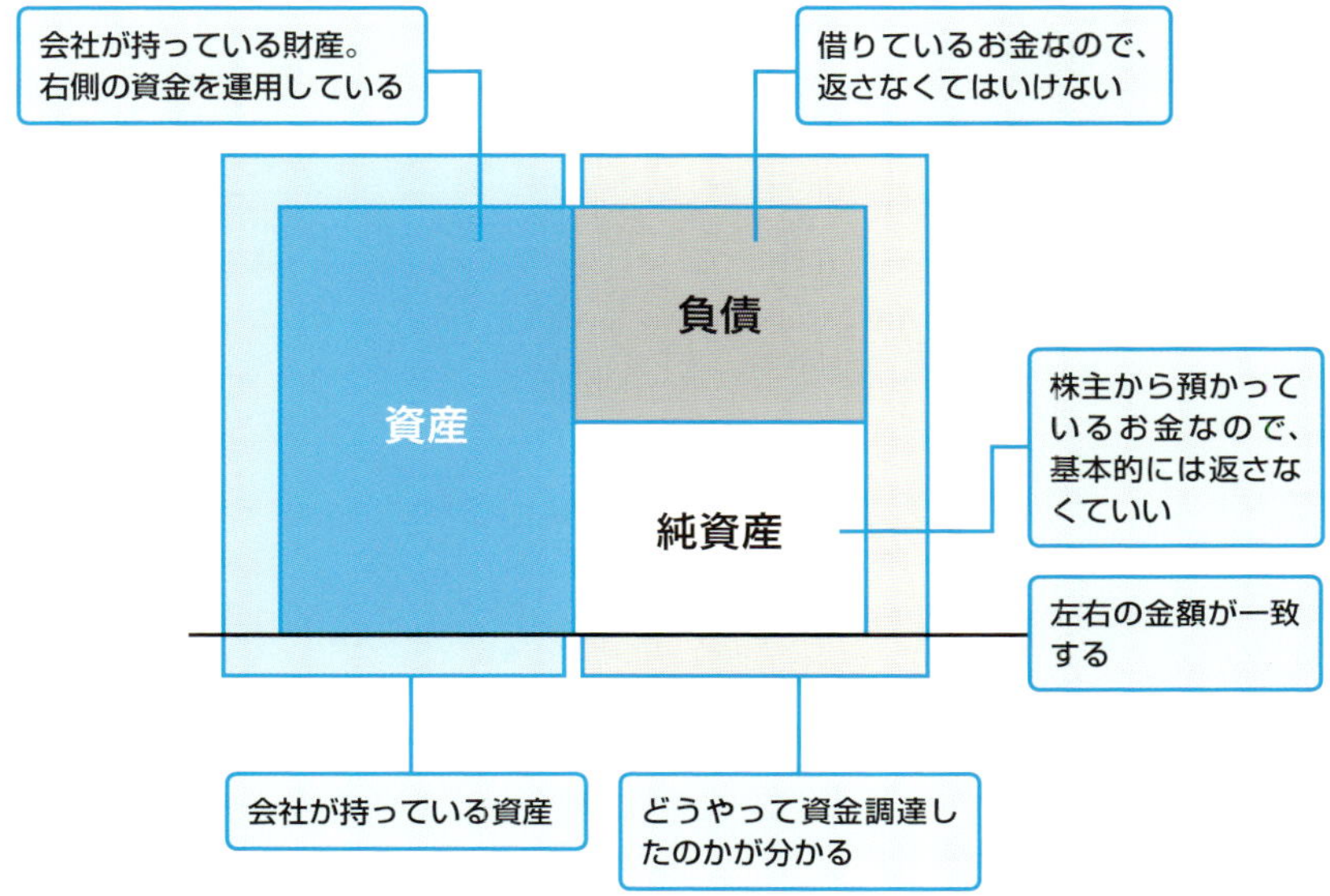
会社が持っている財産。右側の資金を運用している
借りているお金なので、返さなくてはいけない
負債
資産
株主から預かっているお金なので、基本的には返さなくていい
純資産
左右の金額が一致する
会社が持っている資産
どうやって資金調達したのかが分かる

02 「流動」と「固定」の違い

1 原則、1年以内か1年超かで分けるが、資産と負債で違う

資産の部は、大きく「**流動資産**」と「**固定資産**」に分かれるとお話ししました。負債の部も、大きく「**流動負債**」と「**固定負債**」に分かれます。まずは、この「流動」と「固定」の違いを理解しましょう。具体的に何が分類されるかは、次節で見ていきます。

「**流動資産とは、通常の営業循環内に使うか、回収する予定の資産**」のことです。

ここで注意が必要なのが、「ワンイヤールール」です。1年以内に使うか、回収する予定の資産を流動資産と呼び、1年を超えるものは固定資産になると説明されることもありますが、原則的にはそれでかまいませんが、これは必ずしも正確ではありません。

たとえば、在庫の保有が1年を超えたら固定資産になるかといえば、なりません。400日後が支払期日の受取手形も、1年以上だから固定資産になるかといえば、なりません（このような

手形は、いつ落ちるかわからないから「飛行機手形」と呼ばれることもあります）。

「**通常の営業循環内で使うか、回収する予定の資産は、1年を超えるものでも流動資産**」に分類されます。1年以内に売却する予定の有価証券は、流動資産に分類されます。1年以上保有する予定の有価証券なら固定資産（投資有価証券）に分類されます。

これに対して、負債に関しては、ワンイヤールールが厳格に守られます。「**1年以内に返済する予定の負債は、すべて流動負債に分類され、1年を1日でも超えて返済する予定の負債は、固定負債**」に分類されます。

たとえば、3年後が返済期日の借入金は、固定負債です。1年経つと、返済期日が2年後になりますが、それでも1年以上あるので固定負債に分類されます。もう1年経って、決算日から見て返済期日が1年以内になったら流動負債に項目替えする（「1年内返済予定の長期借入金」）というのが大原則です。「**返済が1年を超えるか、超えないかで、流動負債か、固定負債かが決まる**」のです。

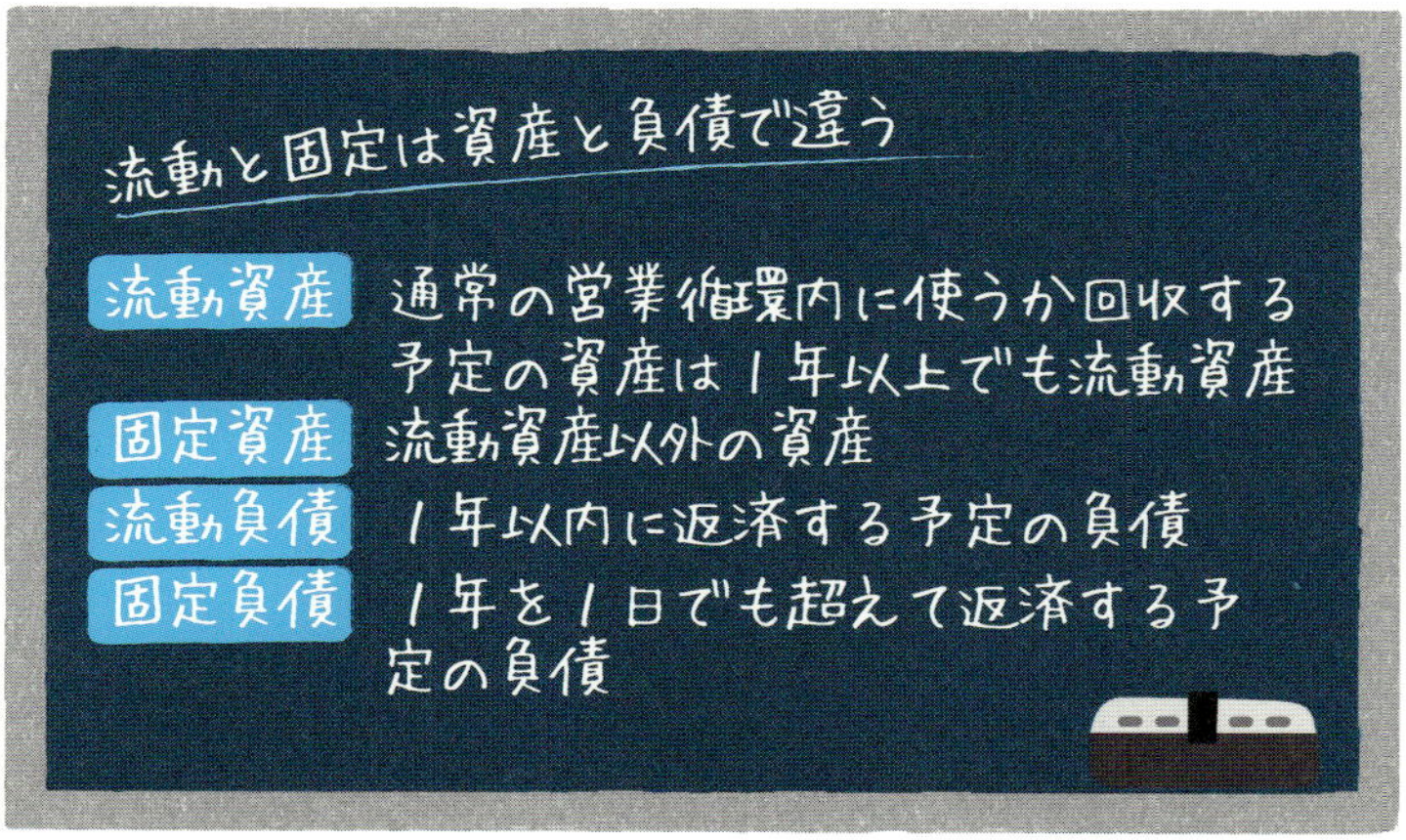

2 上級編 中小企業ではワンイヤールールが守られていない？

ところが、中小企業では負債のワンイヤールールが必ずしも守られず、返済期日が1年以内になったにもかかわらず、固定負債から流動負債に項目替えしていない負債があることがあります。長期借入金で返済期限が1年以内になったものでも、固定負債（長期借入金）のままにしていることも少なくありません。だから中小企業では、長期借入金が返済できなくて倒産するということが実際にあります。

とはいっても、この固定負債から流動負債への項目替えが行われなかったこと自体は法律違反ではありません。例外規定で認められています。ではなぜ、こんなおかしなことが認められているのでしょうか？

中小企業の借り入れは最終的な返済期間は3年でも、借りた翌月から毎月返済するという契約も普通にあります。そうすると、借りたお金の36分の1ずつを毎月返済することになります。本当は借りた瞬間に、1年以内の返済分は流動負債に計上すべきですが、それをしていないのです。

上場企業には、こうした例外は認められていません。返済期日が1年以内になった借入金は、必ず流動負債に移されます。社債も同様で、償還予定が1年以内になった社債は、固定負債から流動負債（「1年内償還予定の社債」）に移されます。「**借入金は返済といいますが、社債は償還といいます**」。

03 「流動資産」には何が分類される？

1 当座資産 すぐに現金化できる現金や預金、売掛金、受取手形など

それでは、資産の部の主だった勘定科目を見ていきましょう（次頁下図参照）。
流動資産の最初は、「**現金及び預金**」。これは分かりますね。「**現金と銀行に預けている預金**」のことです。小切手も勘定科目としては、ここに分類されます。

次が「**売掛金**」。これは、「**商品やサービスを販売したけれども、まだ回収していないお金**」のことです。ちなみに、損益計算書の「**売上高**」は、売ったときに計上され、実際にお金が回収されているかどうかは関係ありません。

売掛金の中でも、手形で回収するものは「**受取手形**」という勘定科目を使います。受取手形は銀行での支払期日があるので、売掛金よりは受取手形のほうが回収確率が高く、安全度は高いといえます。

もちろん、手形を発行した（振り出した）会社がつぶれると、手形も不渡りになり、お金が回収できなくなります。ただ、受取手形の場合は、**「回し手形」**といって、手形を受けとった人が裏判を押す（裏書きする）ことによって、支払い手段として使うものがあり、その際は、振出人が支払えない場合には、裏書譲渡した人が支払い義務を負うので、より安全といえます。

手形は発行や管理に手間がかかり、印紙も必要なので減る傾向にありますが、建設業界やアパレル業界では今でも多く使われています。

ここまでお話しした現金や預金、売掛金、受取手形などは**「当座資産」**と呼ばれます。

2 棚卸資産 いろいろな在庫

次が、**「商品及び製品」**です。財務会計では、商品と製品は別物で、**「商品は仕入れたもののことで、製**

● 日本マクドナルドの「連結貸借対照表」で「資産の部／流動資産」を見る

1 枚目

（単位：百万円）

		前連結会計年後 （平成27年12月31日）	当連結会計年後 （平成28年12月31日）
	資産の部		
	流動資産		
当座資産	現金及び預金	20,388	21,244
当座資産	売掛金	8,119	10,558
	1年内回収予定の長期繰延営業債権	―	3,336
棚卸資産	原材料及び貯蔵品	862	999
細かい流動資産	繰延税金資産	478	597
細かい流動資産	その他	4,711	5,574
細かい流動資産	貸倒引当金	△35	△1,136
流動資産の合計	流動資産合計	34,524	41,174

品は原則自社でつくったもの」です。ですから卸売業や小売業で自社が製造部門を持たない会社には製品はありません。

製造業ではこれ以外に、「**仕掛品**」「**原材料及び貯蔵品**」などの、製品になる前の段階ごとに分類します。一般的には、在庫と呼ばれますが、財務会計上は、「**棚卸資産**」と呼ばれます。

3 流動資産のもろもろ細かいもの 繰延税金資産 その他 貸倒引当金

「**繰延税金資産**」は、上場企業の貸借対照表を見るとよく出てくる勘定科目で、「**税効果会計によって理論的に1年以内に戻ってくる予定の税金**」のことです。

「**その他**」という勘定科目は、「**金額の小さい流動資産の合計**」です。細かいものは、その他でまとめることができます。

「**貸倒引当金**」は、「**売掛金の中で回収不能になる可能性の高いもの**」です。正確には、引当金として引き当てて、損益計算書で損失として計上している金額です。

売掛金のある取引先が倒産した場合は、その売掛金は回収できなくなるので、売掛金から減額します。まだ倒産していないけれども、その可能性が高いときは、引当金を積むというのが原則です。ですから、貸倒引当金はマイナスで計上されます。

最後に、「**流動資産合計**」が記載されています。

04

「固定資産」には何が分類される？

1 有形固定資産 手で触れることができる資産

固定資産には、「**有形固定資産**」と「**無形固定資産**」「**投資その他の資産**」の3つがあります（次頁参照）。

「**有形固定資産は、〝建物〟や〝土地〟〝機械〟〝工具〟〝備品〟など、実際に手で触れることができる資産**」のことです。そして、「**土地を除くそれぞれに〝減価償却累計額〟が書かれていれば、親切な開示**」だといえるでしょう。減価償却累計額が書かれていない「純額」だけの貸借対照表のほうが多いからです。

「**減価償却費とは、それぞれの固定資産の耐用年数に応じて価値を減じていく金額**」のことです。建物の減価償却累計額は、その建物の価値の目減り分を表します。損益計算書では、この毎年の減価償却費分を費用として計上します。

日本マクドナルドの「連結貸借対照表」で「資産の部／固定資産」を見る

1枚目

（単位：百万円）

	前連結会計年後（平成27年12月31日）	当連結会計年後（平成28年12月31日）
資産の部		
〜		
固定資産		
有形固定資産		
建物及び構築物	83,645	90,454
減価償却累計額	△38,164	△40,905
建物及び構築物（純額）	45,481	49,548
機械及び装置	14,275	14,618
減価償却累計額	△10,360	△10,423
機械及び装置（純額）	3,915	4,195
工具、器具及び備品	10,957	11,390
減価償却累計額	△8,623	△8,687
工具、器具及び備品（純額）	2,334	2,703
土地	17,325	17,325
リース資産	7,612	7,547
減価償却累計額	△4,738	△5,560
リース資産（純額）	2,874	1,987
建設仮勘定	479	1,118
有形固定資産合計	72,410	76,878
無形固定資産		
のれん	1,195	907
ソフトウエア	6,760	6,118
その他	693	694
無形固定資産合計	8,650	7,720
投資その他の資産		
投資有価証券	56	56
長期貸付金	9	9
長期繰延営業債権	10,116	6,049
退職給付に係る資産	6,773	7,328
繰延税金資産	224	124
敷金及び保証金	41,457	37,519
その他	8,634	6,286
貸倒引当金	△3,988	△2,647
投資その他の資産合計	63,283	54,725
固定資産合計	144,344	139,324
資産合計	178,868	180,499

2枚目

〜		
純資産合計	108,853	110,214
負債純資産合計	178,868	180,499

有形固定資産

減価償却累計額が書いてあれば親切

無形固定資産

投資その他の資産

有形固定資産の合計

無形固定資産の合計

投資その他の資産の合計

一致する

有形固定資産に関しては、税法でそれぞれ何年で償却するかが決まっています。その規定にしたがっている企業も多いですが、財務会計上はそれよりも早く償却する企業も多くあります。

たとえば、営業でクルマを酷使する会社の場合、3年でダメになるとします。にもかかわらず5年間で償却したら、クルマがダメになったあとも資産が残っていることになってしまいます。それは健全とはいえないので、3年間で償却したほうがいいわけです。

また、半導体製造装置は日進月歩で進化するため、耐用年数や、税務上の償却期間があったとしても、2年とか1年で財務会計上は償却している企業もあります。財務会計上はこちらのほうが健全ですが、税務会計においては、税法に決められた年数で減価償却（損金計上）します。

建物や構築物（看板など）、機械、工具などには、すべて減価償却がありますが、土地にはありません。地価は変わるにしても、土地は永久に使えるからです。

ここからは少し難しいので、初心者の人は読み飛ばしてもらって構わないのですが、**「財務会計上と税務会計上との費用と損金の認識のギャップが出るため、実際の税金の支払いと、理論値とが違うために、先ほど述べた繰延税金資産という勘定科目が必要になる」**のです。つまり、税法上の償却期間で損金が発生するために、将来に税金がその分差し引かれる

先にお話ししておくと「有形固定資産は手で触ることができる資産のこと」「無形固定資産は手で触ることができない資産のこと」です。

可能性があり、それが「**繰延税金資産**」として計上されるのです。

2 リース資産 リースしているものが資産になる

「**リース資産は、リースで使っているもの**」です。以前は、リースは借りているものだから費用だけを損益計算書に計上すればよかったのですが、自社の管理のもとで長期に使うものは、よく考えるとお金を借りてリースしているものを買っているのと同じことなので、貸借対照表の固定資産にも「**リース資産**」として計上することになりました。

同様に、負債の部の固定負債には、「**リース債務**」が計上されます。貸借対照表の左右両方に計上されるということです。リース資産は、買ったのと同様なので、減価償却も行われます。

こうした、主に長期間、お金を借りて買ったのと同様で、リースしているものを「**ファイナンスリース**」と呼びます。一方、車を短期間借りるような場合は、お金を借りて買ったのとは明らかに違います。これは、「**オペレーティングリース**」と呼ばれ、以前同様、単に費用として計上すればいいだけです。

ファイナンスリースかオペレーティングリースか、判断が微妙なものもあるのですが、基本的には「**価格が高いものを長期で自社専用でリースする場合は、ファイナンスリース**」で、「**価格が安いものや一時的なリースは、オペレーティングリース**」になります。使用後、他用途や他社でも使えることや、転売が可能かどうかも判断のポイントとなることがあります。

もうひとつ、「**建設仮勘定**」は建設中の建物のことですが、建物にかぎらず、まだ使われていない器具や備品も用意していたら、この仮勘定に計上されます。建設が終わったら、「**建物及び構築物**」や「**器具・備品**」などの科目に移されます。

最後に、「**有形固定資産合計**」が掲載されます。

3 無形固定資産 手で触れられない資産

「**無形固定資産は、手で触れられない資産**」のことで、「**のれん**」や「**ソフトウェア**」などがあります。ここで、理解するのが難しいのが「のれん」です。

資産は、会社の財産です。負債と純資産でそのお金を賄っているのですが、負債は将来返さないといけないお金ですから、「**資産から負債を差し引いたものが会社の本当の帳簿上の価値で、それが純資産**」になります。だから、「**会社の帳簿上の価値は純資産の価値**」なのです。

ただ、会社を買収するときに純資産の金額で買うのかといえば、それよりも高く買うときもあれば、安く買うときもあります。「純資産よりも高く買った場合に、純資産額よりも高く買った額が〝のれん〟として計上されます。

連結する子会社は、資産も負債もすべて合算しますが、ただし親子間の取引は相殺すると述べました。親会社に計上される「**子会社株式**」と、子会社の純資産を連結に際して相殺しようとしたとき、子会社を純資産より高く買っていれば、その差額が出ます。これが「のれん」です。

のれんは売れない資産です。それだけを売却することはできないからです。日本の会計基準では、のれんは20年以内に均等償却すると決まっています。売れない資産は、償却してしまうという考え方です。

しかし、米国基準やＩＦＲＳでは、のれんは原則償却しません。買った会社は、それよりも高く売れる可能性があるからです。その代わり、「**減損**」といって、買った会社が想定した利益が出ないなど、会社の価値が大きく下がった場合は、そののれん額を一気に減額しないといけないというルールになっています。

ソフトバンクが数年前に、会計基準を日本基準から米国基準に変えた理由のひとつが、おそらくこれです。ソフトバンクが、英国の半導体設計大手ＡＲＭを約３・３兆円で買収したのは記憶に新しいですが、それ以外にも、米国の通信会社のスプリントなど、これまでに多くの企業を買収しています。

米国基準にしたことで、買収した企業ののれん額を20年以内に均等償却する必要はなくなりました。買収した企業の業績が好調なら減損する必要もありません。

しかし、「**買収した企業の業績が悪化したら、一気に減損しなければなりません**」。だから高く買えば買うほど、のれんの減損リスクが上がります。特に、業績が悪いときは、営業利益段階でも苦しいことが多いのです。したがって、のれん額が大きい会社は、買収した子会社の業績にも注意が必要で、ある日突然、のれん額が吹っ飛び、資産、純資産ともに減少し、その分、損失が出ることもあるのです。

4 上級編 景気が悪くなると、減損で資産が目減りし、業績がさらに悪化する

減損は、のれん以外にもあります。「**持っている資産が思ったほどの利益やキャッシュフローを生まなくなったときに、その資産価値（簿価）を落とすことをすべて〝減損〟**」といいます。

百貨店の店舗の簿価が100億円として、想定していた利益が出なくなると、その建物や土地の額を相当額に落とすよう監査法人が指摘します。

2008年のリーマンショックのような世界的な金融危機が起きると、一気に景気が悪くなり、百貨店は営業利益すら出せなくなります。監査法人は、資産ごと、店舗ごとに価値を判断しますが、ほぼすべての店舗の業績が悪いと、すべての店舗の資産価値を減損することになります。

営業利益がマイナスなうえに、さらに固定資産などの減損で特別損失を計上することになり、ダブルで会社の業績が悪化することになるのです。ですから、「**店舗（不動産）などの資産をたくさん持っている場合には、減損リスクがある**」のです。

5 投資その他の資産 有価証券は「時価」で評価する

固定資産の「**投資その他の資産は、長期で保有している有価証券や長期貸付金**」などです。こ

の有価証券を評価する会計手法に、**「時価会計」**があります。これは、減損と似て非なるものです。

時価会計の対象は有価証券（上場しているものや価格がはっきりとしているもの）とデリバティブズだけです。土地や建物などは、減損の対象にはなりますが、「時価」――そのときの価格（価値）では評価しません。**「有価証券にかぎって、期末の時点の価格で評価することを〝時価会計〟」**といいます。

不動産などもすべて時価で評価したほうが、そのときのより正しい資産価値が把握できることは間違いないのですが、毎期末にそれを行うことはとても煩雑なため、現在は保有する有価証券で、時価がはっきり分かる国債や上場株式にかぎられています。

有価証券の価格が上がっていたら資産が増え、下がっていたら資産が減額します。そうすると貸借対照表の左側だけが増えたり減ったりするため、右側の純資産の部の**「その他の包括利益累計額」**で調整し、左右のバランスをとります。

「固定資産合計」を計算し、「流動資産合計」と合算して「資産合計」が1番下にきます。この金額と、**「負債純資産合計」**が同じ金額になります（84・87頁参照）。

固定資産にもいろいろありますが、とにかく至極真っ当に理解していきましょう。難しく考えると余計にこんがらがってしまいます。

05 「負債」と「純資産」の違いは？

1 負債を返せないと会社はつぶれる

それでは貸借対照表の右側、「**負債の部**」と「**純資産の部**」を見ていきましょう。

負債と純資産で資金を調達し、その資金で資産を買い、それがその会社の財産になっているとお話ししました。「**貸借対照表で1番大事な点は、この〝負債〟と〝純資産〟の違いは何か**」ということを理解することです。

私は、以前、明治大学会計大学院で特任教授として教えていましたが、そのときにも生徒に必ずこの違いを質問していました。多くの生徒は、「他人資本と自己資本の違いです」と答えます。

それに対して私が必ず言ったのは、「試験でそれ書いたら0点だからな」です。

公認会計士試験用の教科書には、負債と純資産の違いは他人資本と自己資本の違いだと書いてあるかもしれませんが、会計士試験の先生は、ほとんどが会社を経営したことがないので、そのひと言ですませてしまうのです。もし企業経営者に実務で話すときには、次のように答える必要があります。

「**〝負債〟は、ある時点で必ず返済しないといけないお金。〝純資産〟は、株主から預かっているお金で、一義的には返済義務のないお金**」です。

なぜ、わざわざこんな言い方をするのかといえば、「**会社は負債が返済できなくなった時点でつぶれる**」からです。「**純資産が返済できなくても会社がつぶれることはありません**」。この違いこそが、経営者にとっては何よりも重要なのです。

したがって、「**負債が多くなればなるほど、その会社が倒産する確率も高くなる**」のです。

2 負債も流動と固定の2つに分けられる

負債には、大きく分けて「**流動負債**」と「**固定負債**」の2つがあります（次頁参照）。流動と固定の違いについては、すでにお話ししたとおりです。「**負債の場合は、ワンイヤールールが厳格に適用**」されます。

流動負債の「**買掛金**」は、売掛金の逆で、本業のために商品や材料などを購入したけれども、まだ支払っていない債務のこと。これに対して「**未払金**」は、本業以外の目的で購入した不動産や消耗品などの債務のことで、「**未払費用**」は、期末時点で翌月払う給料などの未払い分のことです。これらは、まだ支払っていないけれども、1年以内に支払う必要がある負債のことです。

● 日本マクドナルドの「連結貸借対照表」で「負債の部」を見る

（単位：百万円）

	前連結会計年後 （平成27年12月31日）	当連結会計年後 （平成28年12月31日）
負債の部		
流動負債		
買掛金	303	844
短期借入金	5,000	―
1年内返済予定の長期借入金	2,500	2,500
リース債務	1,428	1,152
未払金	20,843	20,893
未払費用	4,502	4,918
未払法人税等	11	1,112
未払消費税等	―	3,299
賞与引当金	428	2,307
店舗閉鎖損失引当金	1,681	―
たな卸資産処分損失引当金	337	261
資産除去債務	453	―
その他	3,993	2,512
流動負債合計	41,485	39,802
固定負債		
長期借入金	18,125	20,625
リース債務	2,428	1,486
繰延税金負債	1,351	1,342
再評価に係る繰延税金負債	311	291
賞与引当金	293	435
役員賞与引当金	30	126
役員退職慰労引当金	54	78
退職給付に係る負債	1,474	1,424
資産除去債務	4,149	4,352
その他	312	319
固定負債合計	28,530	30,482
負債合計	70,015	70,284

流動負債

流動負債の合計

流動負債

固定負債の合計

流動負債合計と固定負債合計を合算したものが「負債合計」

"負債"は、ある時点で必ず返済しないといけないお金です。
会社は負債を返せなくなったとき、つぶれてしまうんです。

これ以外にも、「**賞与引当金**」や「**災害損失引当金**」といった、さまざまな引当金も流動負債として計上されます。これらは、「**1年以内に支払いが見込まれる費用や損失**」などです。

固定負債の「**長期借入金**」は、その名のとおり、長期で借りている（調達している）お金のことで、支払いが1年以上先の借金です。

「**繰延税金負債**」は、税効果会計の適用を受ける上場企業の勘定科目で少しややこしいのですが、理論上、将来支払う必要がある税金額のことだと理解しておいてください。

固定負債にも「**退職給付引当金**（退職給付に係る負債）」など、引当金が計上されます。こちらも将来支払うことが見込まれる金額に対してあらかじめ費用化しておくものです。

「**資産除去債務**」は、賃貸物件を持つときに、将来その中に保有する資産を除去することがあらかじめ決められている場合に、その除去費用をあらかじめ計上し、それを債務残高として計上したものです。店舗などを借りている企業に多く見受けられます。

「**流動負債合計と固定負債合計を合算したものが〝負債合計〟**」です。

3 純資産は株主のもの

純資産は、「**株主資本**」と「**その他の包括利益累計額**」「**新株予約権**」「**非支配株主持分**」の4つに大きく分かれます（次頁下図参照）。

「**株主資本は、株主が会社に入れてくれたお金と利益の蓄積**」のことです。

「**資本金**」と「**資本剰余金**」は、現在は大きな差がありません。以前は、「**額面株式**」といって、最初に50円や500円といった金額が設定されていました。

会社の業績がよかったら50円の株が200円で売れます。だから額面までは資本金で、額面を超えるものは資本剰余金と分けていました。

ただ、現在は「**無額面株式**」が増えたため、増資をする際、半分は資本金、半分は資本剰余金に入れるというのが一般的なルールとなっています。

● 日本マクドナルドの「連結貸借対照表」で「純資産の部」を見る

負債合計	70,015	70,284
純資産の部		
株主資本		
資本金	24,113	24,113
資本剰余金	42,124	42,124
利益剰余金	44,955	46,333
自己株式	△1	△1
株主資本合計	111,191	112,570
その他の包括利益累計額		
土地再評価差額金	△4,261	△4,242
退職給付に係る調整累計額	1,736	1,672
その他の包括利益累計額合計	△2,525	△2,569
非支配株主持分	187	214
純資産合計	108,853	110,214
負債純資産合計	178,868	180,499

株主の純粋な持分

株式投資をするなら利益剰余金がどれだけあるか見ておく

株主資本の合計

“株主資本”は、株主が会社に入れてくれたお金と利益の蓄積です。利益剰余金が株主配当になります。

資本金、資本剰余金は、株主が会社に入れてくれたお金です。いわば「元本」のため、そのお金を使う「取り崩し」には厳しいルールがあり、株主総会の特別決議で、3分の2以上の株主の賛成がないと取り崩せません。

一方、その下の「**利益剰余金**」は、純利益の蓄積で、ここから株主へ配当を払います。利益剰余金は、株主総会の一般決議で、過半数の株主の賛成で「**利益処分**」、つまり配当を出すことができます。

裏を返せば、利益剰余金がマイナスなら配当は出せないということです。「**その期にどんなに大赤字を出しても、利益剰余金がプラスなら配当できます**」。トヨタ自動車が、2008年のリーマンショック後、大きな純損失を出しても配当できたのは、利益剰余金がプラスだったからです。

株式投資をする人は、「**配当余力**」といいますが、その中心となる「**利益剰余金がどれだけあるかをよく見ておく**」必要があります。

純資産全体も株主のものですが、その中でも株主資本は、株主が会社に入れたお金と、株主のものである会社の利益の蓄積であり、株主の純粋な持分です。

「**自己株式**」は、会社が自社の株式を買ったときに、この勘定科目でマイナスとして計上されます。その下は、「**株主資本合計**」ですね。

4 上級編 バブルの名残の勘定科目たち

「**その他の包括利益累計額**」は、先ほどお話しした有価証券の時価会計など、上場企業の勘定科目で、それ以外の会社ではほとんど出てきません。

この中に、「**土地再評価差額金**」という歴史的に面白い勘定科目があるので見ておきましょう。話は1990年代のバブル崩壊期に遡ります。バブルが崩壊して銀行は大量の損失を出し、利益剰余金がどんどんマイナスになりました。銀行によっては実質的には債務超過、純資産全体がマイナスになりました。

銀行は、時価の高い場所に土地を持っていました。土地などの資産は時価ではなく、原則、買ったときの値段で貸借対照表に計上されています。たとえば、銀座の一等地にある時価数百億円の○○銀行銀座支店の土地が、買ったときのままの簿価1万円で計上されているわけです。普通は、これを売らないかぎり利益が出ませんから、利益剰余金も増えません。

しかし、このままでは銀行の経営が危機に陥るということで、時限立法で土地の再評価を認めました。これにより、「**実際にその土地を売らなくても、貸借対照表の左側の土地の簿価が上がり、それに応じて右側の純資産も膨らみます**」。その金額が「**土地再評価差額金**」です（正確には、将来支払わないといけない税金分を差し引きます）。

もちろん、銀行にだけ認めるのはおかしな話なので、その間はすべての会社に認めました。

そして、純資産に土地再評価差額金がある会社は、固定負債のところに「**再評価に係る繰延税金負債**」という勘定科目が必ずあります。なぜなら、実際には売っていないので税金を払う必要はないのですが、将来、再評価価格で売ったとしたら支払う税金額を計上する必要があるからです。

時限立法だったので、現在はこうした再評価はできませんが、バブル期に土地を再評価して貸借対照表を膨らませ、その土地を今でも売っていない企業は、現在でも「土地再評価差額金」や「再評価に係る繰延税金負債」という勘定科目が計上されているのです。

純資産の次の項目である「**新株予約権**」は、将来○○円で株を買えるという権利のことです。その権利だけを売って、お金をもらったときに計上するのが新株予約権という勘定科目です。

「**非支配株主持分**」は、以前は「**少数株主持分**」と呼ばれ、100%ではない子会社がある場合の勘定科目で、たとえば、70%の株を保有している子会社なら、その子会社の30%の株を保有している株主がほかにいることになります。先に説明したように、連結では100%すべてを合計しているのでしたね。30%分「非支配株主持分」の持分ですから、それをして差し引く必要があるのです。

このように、「**株主資本**」「**その他の包括利益累計額**」「**新株予約権**」「**非支配株主持分**」を合計したものが「**純資産**」です。

そして、「**純資産合計と負債合計を足しあわせたものが、1番下の〝負債純資産合計〟**」となります（98頁参照）。

06 「自己資本比率」で何が分かるの？

1 標準値は業種によって違う

資産を賄っているお金のうち、**「返さなくていい純資産の比率を〝自己資本比率〟」**といいます。

自己資本比率は下記の式で求められます。この計算方法が単純で分かりやすく、お勧めです。しかし、東京証券取引所（以後、東証）では、純資産のうち、前節でお話しした「株主資本」と「その他包括利益累計額」の合計を「自己資本」と定義しているため、「**純資産から、新株予約権と非支配株主持分を除いた金額を資産で割ったもので、自己資本比率が計算されます**」。

上場している会社の場合には、そのルールにしたがったほうがい

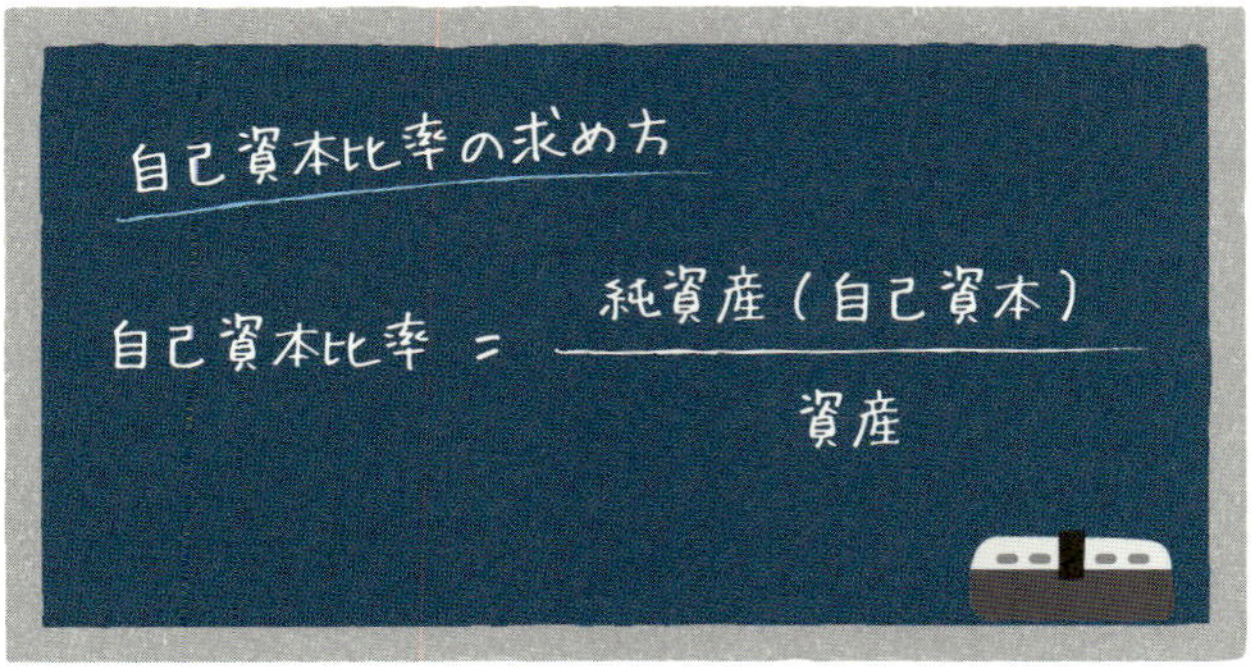

自己資本比率の求め方
自己資本比率 = 純資産（自己資本）/ 資産

いと考えますが、中小企業の場合だと、分母を純資産として問題になることはまずないと考えられます。また、上場企業の場合でも、大多数の企業では「新株予約権」や「非支配株主持分」の金額は小さいことが多いため、純資産全体を分母にして問題になることは、一部の例外を除いてまずないと考えます。

自己資本比率は、企業の中長期的な安定性を表す指標といわれ、ある一定以上に保つことが企業経営では非常に大事になります。では「ある一定以上」とは、具体的に何％でしょうか？　ざっくり下記のとおりです。

こうした指標や数値を実践で活かそうと思ったら、まず、定義をきちんと理解するとともに、標準値がどれくらいなのかを知っておかなくてはなりません。

自己資本比率はある一定以上を保つ

製造業など固定資産を多く使う業種	最低でも20%
商社や卸売業など固定資産が少なく、その代わりに流動資産である売掛金や在庫などが多い業種	最低でも15%
銀行や生命保険会社、証券会社などの金融業	10%を切ってもあまり問題はない（お金を扱っているため資金繰りが比較的容易）

※ 金融業以外のどんな業種でも、自己資本比率が10%を切ると過小資本と判断する

指標の標準値は、このように業界や業種によって違う場合が多くあります。「**それぞれの業界や業種の特長を知るのとあわせて、標準値を覚える**」ようにするとともに、自社の数値を必ずきちんと知っておくことが、実践の経営においてはとても大切です。

自己資本比率は、会社の中長期的な安定性を表す指標だとお話ししました。ただ、中長期的な安定性が高ければ、短期的にも安定性が高いかといえば、必ずしもそうではありません。自己資本比率60％の会社が、簡単につぶれることもあります。

つまり、「**会社の貸借対照表を見るときには、自己資本比率による会社の中長期的な安定性だけではなく、短期的な安定性も必ず一緒に見ないといけない**」のです。

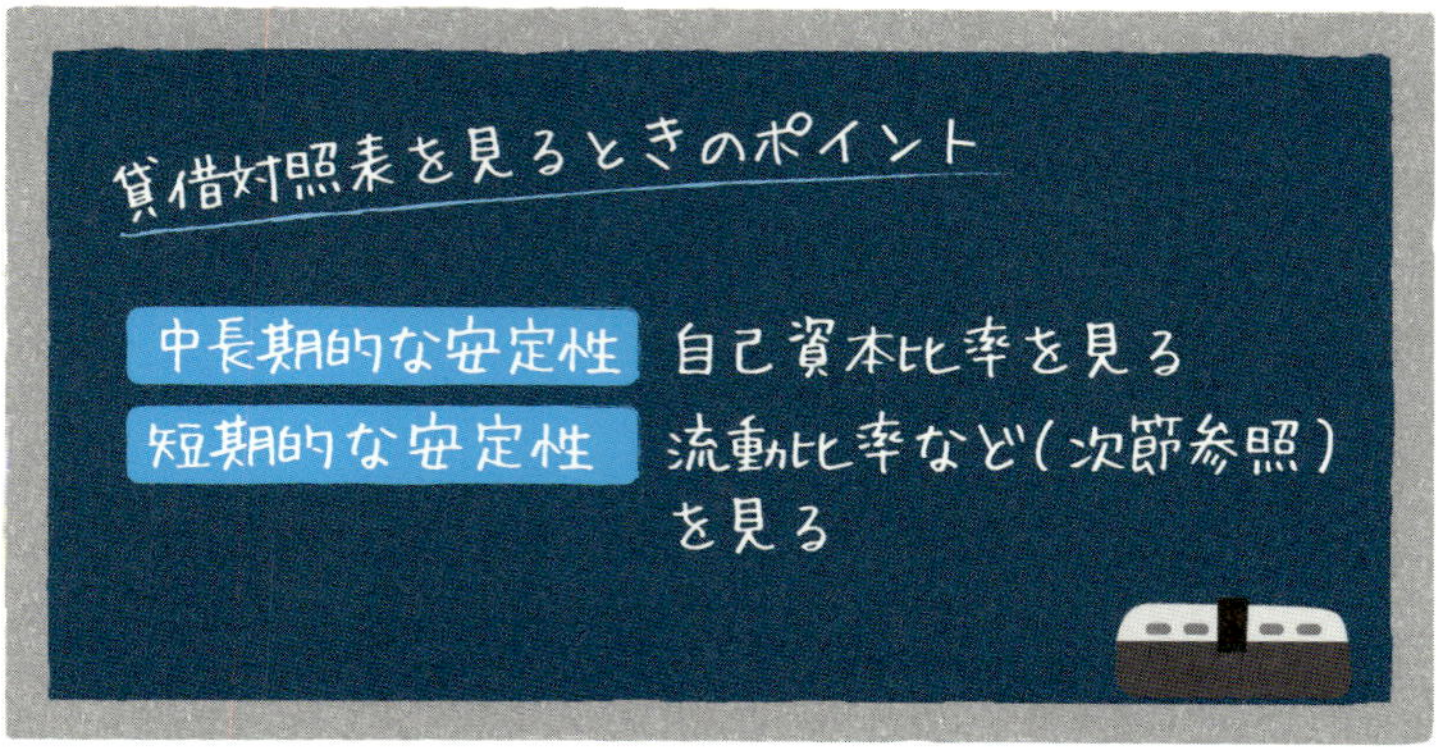

07 会社の命綱、「資金繰り」を知る

1 流動比率 短期の安定性が分かる

会社がつぶれるのは、負債が返済できなくなったときです。もっというと、「**1年以内に返済する義務のある流動負債が返済できなくなって会社はつぶれる**」のです。固定負債が返済できなくなって会社がつぶれることは、短期的にはあり得ませんが、先ほどお話ししたように、中小企業の場合、固定負債でも流動負債と同じようなものがあるため、そこには注意を払う必要があります。

流動負債の支払い方法として1番いいのは、利益を稼ぎながら無理なく支払いを行うことです。利益と売掛金の回収などで、買掛金の支払いや短期借入金を返済するのです。そして、その際に、

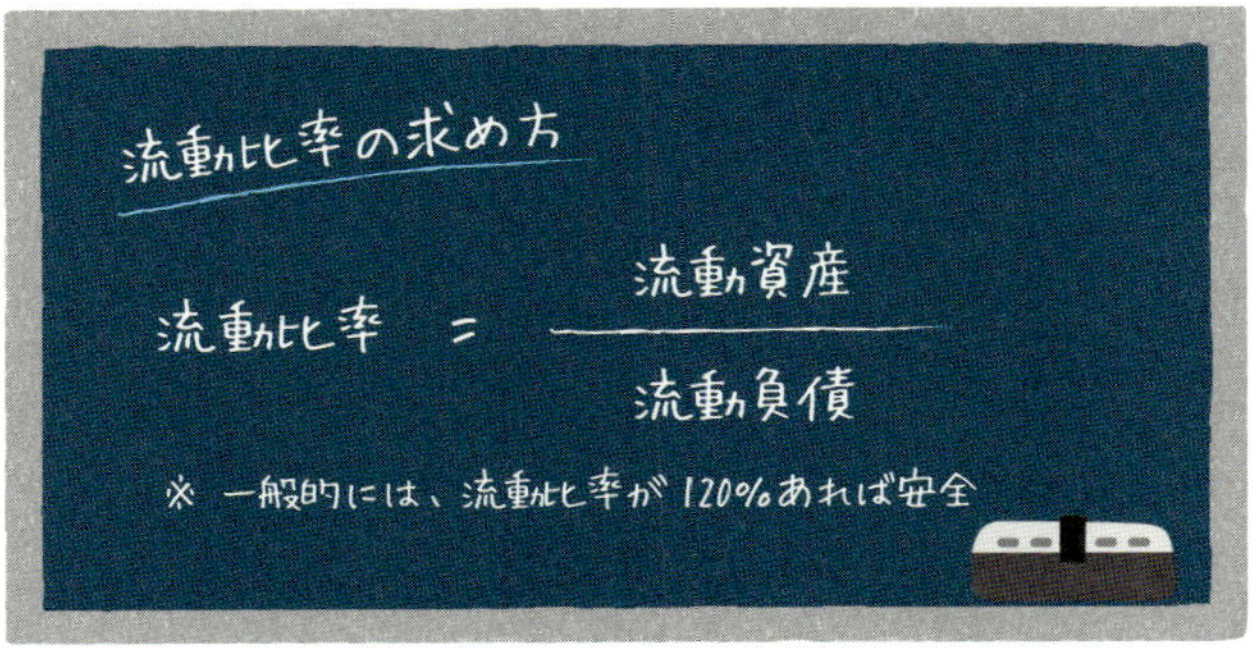
流動比率の求め方
流動比率 = 流動資産 / 流動負債
※ 一般的には、流動比率が120%あれば安全

流動資産が流動負債以上にあれば安定性が高まります。その指標が流動比率「**流動資産÷流動負債）**」です。

「**私が1秒だけ財務諸表を見るなら、この流動資産が流動負債より多いかどうかを見ます**」。流動資産合計と流動負債合計を比べれば、一目瞭然です。

「**一般的には、流動比率が120%あれば安全**」だといわれます。「一般的」というのは、7割くらいの企業にはあてはまるのですが、残りの3割にはあてはまらないからです。

日本マクドナルドの貸借対照表を見てみましょう（次頁参照）。

平成28年12月期の流動資産は約411億円で、流動負債が約398億円です。流動比率は103%（411÷398×100＝103・27%）となり、流動資産のほうが多いので、当面の資金繰りは問題ないと見ることができます。

2 流動比率 病院や介護業は資金繰りが厳しい理由

流動比率が50%程度でも資金が十分に回る業種

たとえば、流動比率が50%しかなくても、資金が十分に回る業種があります。分かりますか？ヒントは、「**日銭が入ってきて、業績が安定している業種**」です。

鉄道業は、流動比率が50%でも十分に回ります。なぜなら、鉄道業には売掛金がありません。

● 日本マクドナルドの「連結貸借対照表」から「流動比率」を見る

1 枚目

（単位：百万円）

	前連結会計年後（平成27年12月31日）	当連結会計年後（平成28年12月31日）
資産の部		
流動資産		
現金及び預金	20,388	21,244
売掛金	8,119	10,558
1年内回収予定の長期繰延営業債権	—	3,336
原材料及び貯蔵品	862	999
繰延税金資産	478	597
その他	4,711	5,574
貸倒引当金	△35	△1,136
流動資産合計	34,524	41,174

2 枚目

負債の部		
流動負債		
買掛金	303	844
短期借入金	5,000	—
1年内返済予定の長期借入金	2,500	2,500
リース債務	1,428	1,152
未払金	20,843	20,893
未払費用	4,502	4,918
未払法人税等	11	1,112
未払消費税等	—	3,299
賞与引当金	428	2,307
店舗閉鎖損失引当金	1,681	—
たな卸資産処分損失引当金	337	261
資産除去債務	453	—
その他	3,993	2,512
流動負債合計	41,485	39,802

流動比率 ＝ 103%（411 ÷ 398 × 100）
流動資産（約 411 億円）＞ 流動負債（約 398 億円）

つけで電車に乗る人はいませんし、逆に、定期券もＩＣカードも先払いです。在庫もほとんどないので、流動資産に属する売掛金や棚卸資産がなく、流動資産の大部分は現預金です。しかも、それが安定して入ってきます。そして、普段の資金繰りに必要以上の現預金は設備投資などに回せます。

一方、流動負債は普通の会社と同じなので、流動比率が50％でも十分に資金が回るのです。

小売業も日銭が入ってくるため、現預金さえ十分にあれば、流動比率が70〜80％でも資金繰りは安定します。

流動比率が１２０％あっても資金繰りが厳しい業種

他方、流動比率が１２０％でも資金繰りが厳しい業種もあります。日銭が入ってこず、売掛金が膨らむ典型は病院です。病院は3割しかその場でお金が入ってきません。「**7割は保険への売掛金で、たとえば、1カ月半後にしか入ってきません**」。支払いの多くは人件費ですが、「給料の7割は翌月ね」というわけにはいかないのです。

したがって、病院は大きくなればなるほど、資金負担も大きくなります。ただし、相手が国なので取りっぱぐれることはありません。

「**病院以上に資金繰りが大変なのが、介護産業**」です。介護保険は自己負担が1割で、9割は1カ月半後、下手をすると2カ月後以降にしか入ってきません。さらに、資材をあまり買わないため買掛金が普通の会社より少なく、流動比率が高くなりやすいという特徴もあります。

このため、伸びている在宅介護の会社は、流動比率が120%あっても、資金繰りについて慎重に見る必要があるのです。

3 上級編 売掛金を短期借入金で賄うのは危険

在宅介護の会社のように、売上の9割が売掛金で、業績が伸びている場合など売掛金がどんどん膨らむ場合には、それを短期借入金で賄えばいいとアドバイスする人がいます。売掛金は流動資産だから流動負債で賄えばいいというのですが、実務的にはそんなことをやったら会社をつぶします。

なぜなら、「**売掛金が膨らむことで、短期借入金も膨らんでしまう**」からです。借金とその返済が順調に回っているときは問題ありませんが、何かの理由で借金ができなくなり、返済が滞れば会社は一巻の終わりです。

その会社の業績がよくても、銀行が自己資本比率規制などの自分たちの都合で借り換えを拒否することもあります。バブル崩壊後の金融危機のとき、それでつぶれる会社を何社も見ました。

このように売掛金の比率が大きく、なおかつ増えていくような場合には、「**借金をするにしても短期よりも長期のほうがいいですし、1番いいのは自己資本で賄うこと**」です。在宅介護の大手企業の多くが上場するのは、この理由も大きいのです。上場した資金で売掛金を賄えば、資金繰りが安定するからです。

見方を変えると、**「流動比率が高くないと資金が回らない会社は、自己資本比率を高く上げておかないといけない」**のです。

また、製造業は総じて利益の振れ幅が大きく、サービス業は振れ幅が比較的小さいという特徴があります。ですから**「利益の振れ幅が大きな業種は、自己資本比率を30％以上に保っておいたほうがよく、利益が安定している業種はそれほど高くなくてもいい」**といえます。

このように、流動比率と自己資本比率は、密接に関係しているのです。

4 当座比率 でも短期の安定性が分かる

「流動資産の中で、より現金化しやすいものを〝当座資産〟」といいます。具体的には、「現金および預金」、「売掛金」と「1年以内に回収予定の長期繰延営業債権」、「（流動資産の）有価証券」などです。在庫などは、いざというときにすぐに売れないので当座資産には含まれません。

もう少し正確にいうと、「現金および預金」、「売掛金」や「1年

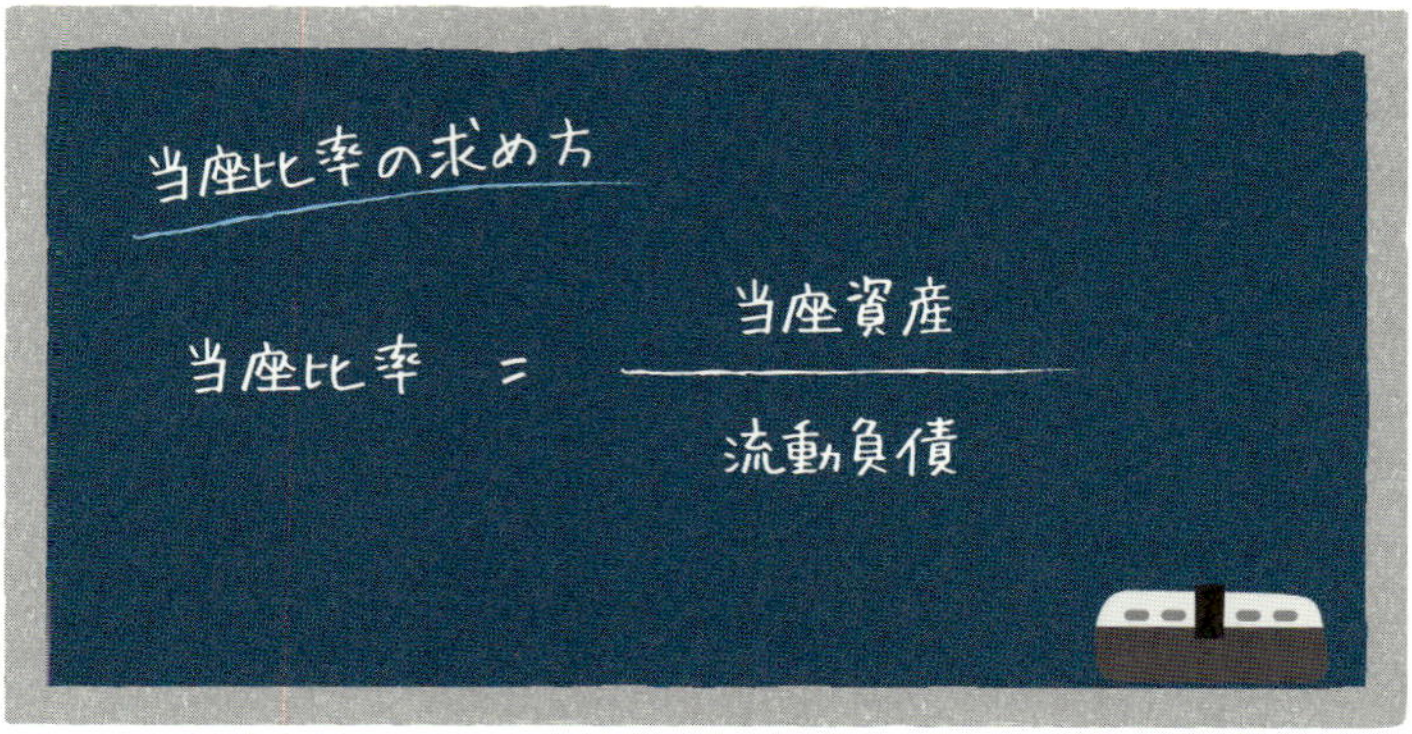

当座比率の求め方
当座比率 = 当座資産 / 流動負債

以内に回収予定の長期繰延営業債権」などから、売掛金の中で回収不能になる可能性の高い「貸倒引当金」を引いたものが当座資産です。

この当座資産を流動負債で割った指標が「**当座比率**」です。これも流動比率と同様に業種によって大きな差がありますが、一般的には、「**90%程度あれば、その会社の短期的な安定性は高い**」といえるでしょう。

5 手元流動性 日々の安定性を見るのに最適

関連して、もうひとつ確認しておきたいのが、「**手元流動性**」です。手元流動性には、いくつか定義がありますが、私は、「**〝現預金＋すぐに売れる資産（短期の国債や有価証券など）＋すぐに調達できる資金〟を〝月商（年間の売上高を12で割ったもの）〟で割ったもの**」と定義しています。

「**月商の何カ月分、すぐに使えるお金があるかを表して**

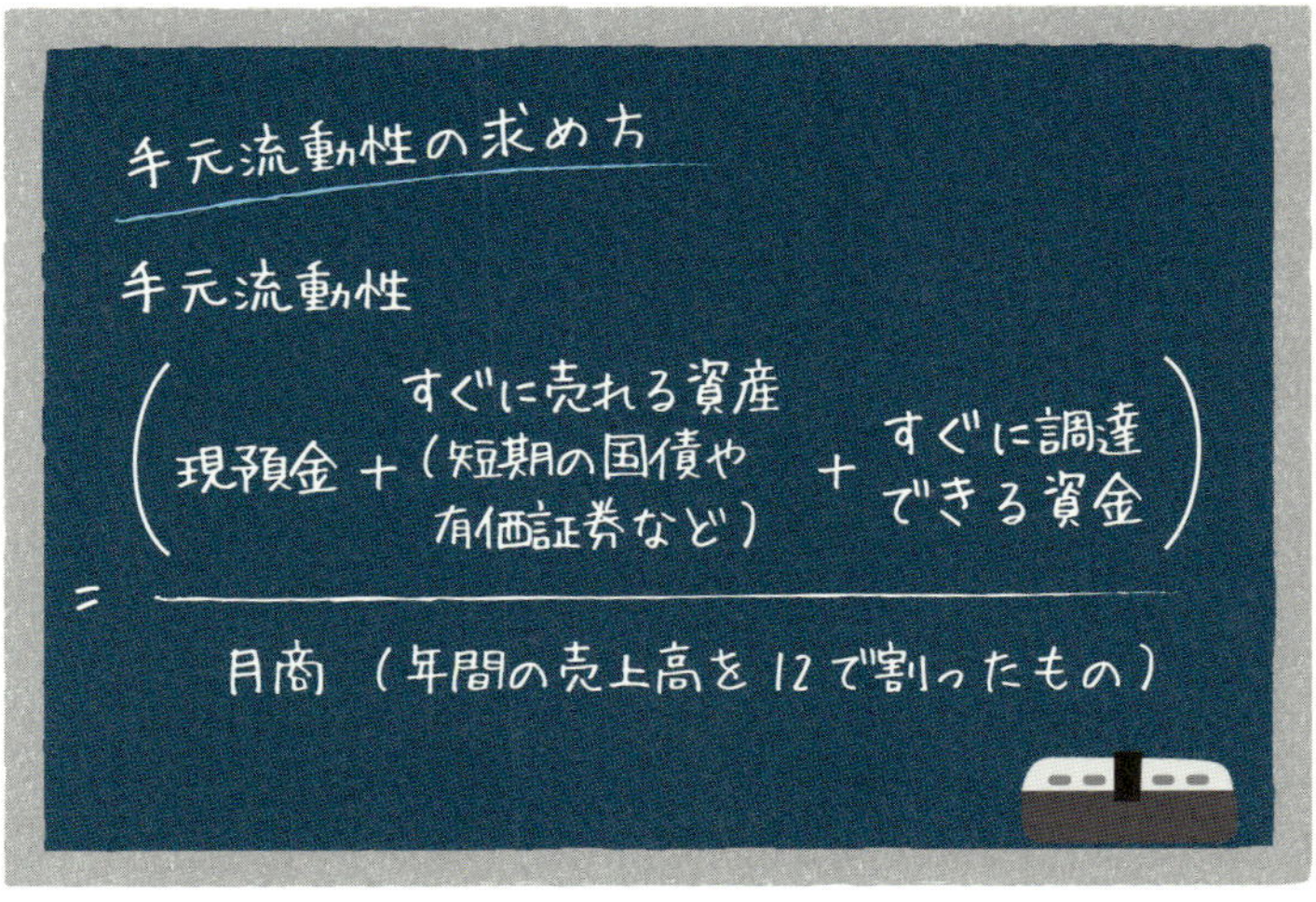

いるのが手元流動性」です。

日本マクドナルドの決算短信を見てみましょう（下図参照）。

平成28年12月期の現預金は約212億円で、月商は（2266億円÷12＝189億円）です。手元流動性は1・1カ月（212億円÷189億円）となり、短期の安定性がかなり高いと判断できます。

注意点としては、すぐに調達できる資金は、決算書を見ても分かりません。いざとなったら銀行がいくら貸してくれるのかが分かるのは、その会社の経営者など、当事者だけです。ですから、自社の手元流動性を知りたければ、その銀行が貸してくれる金額を加えて計算します。

「**他社の手元流動性を知りたいときには、すぐに調達できる資金はないと考えて計算します**」。危ないときにお金を貸す銀行はないから

● **日本マクドナルドの「決算短信」から「手元流動性」を求める**

（%表示は対前期増減率）

	売上高		営業利益		経常利益		親会社株主に帰属する当期純利益	
	百万円	%	百万円	%	百万円	%	百万円	%
28年12月期	226,646	19.6	6,930	―	6,614		5,366	―
27年12月期	189,473	△14.8	△23,440	―	△25,898		△34,951	―

手元流動性 ＝ 1.1カ月(212億円÷189億円)

（単位：百万円）

	前連結会計年後（平成27年12月31日）	当連結会計年後（平成28年12月31日）
資産の部		
流動資産		
現金及び預金	20,388	21,244
売掛金	8,119	10,558

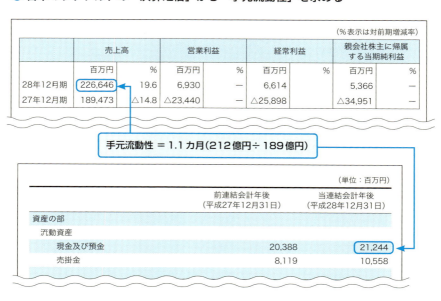

です。

「手元流動性の標準値は、中小企業は1・7カ月以上、中堅企業は1・2〜1・5カ月、一部上場企業なら1カ月」です。これ以上あれば、短期の安定性が高いと判断できます。

数字の差は、基本的に大企業になるほど銀行もすぐにお金を貸してくれますし、**「コマーシャルペーパーといって、短期の社債発行も容易になり、資金調達がしやすくなる」**ため、手元流動性が低くても安全だといえるからです。

中小企業の場合、地元の信用金庫に融資を頼むと、2週間くらいかかることもあり、その間に会社がつぶれてしまうこともあり得ます。だから普段より多めに資金を持っていたほうが安全なのです。

さらにいっておくと、手元流動性は日々上下します。月間で1番資金がボトムになるのは、給料日から月末にかけてが多く、月末支払いが多い会社もあるので、給料日から月末まで、**「資金がボトムになるときでも、月商1カ月分の資金を確保しておくことが理想」**です。

取引先が倒産したりして売掛金や受取手形が回収できないといった急場でも、月商の1カ月分の資金があれば、通常は連鎖倒産せずに乗り越えられます。

そして、経営コンサルタントとして、実務的に経営者にアドバイスするときには、先ほどの基準をクリアしたうえで、**「資金繰りを心配する必要がないくらい資金を持っていたほうがいい」**と言っています。なぜなら、資金繰りが心配になると、口ではお客さま第一といっていても、資金繰り第一主義になってしまうからです。

会社の安定性を見るときは、現金に近い項目から見るのが大原則

実際に会社の安定性を見るときは、ここまで見てきた項目を次のような順番で見ていきます。

❶手元流動性
❷当座比率
❸流動比率
❹自己資本比率

経営者は特に、この順番を絶対に間違えないことです。

❶手元流動性が心配になったら借入をしてもいいのです。借入をすると❹自己資本比率は下がりますが、お金がなくなったら会社はつぶれてしまうので、資金繰りのほうが大切です。特に、「**中小企業の経営者は、月末月初には預金通帳を必ず確認**」することです。売掛金ばかり増えて、お金が入ってこなかったら、ある日突然倒産してしまいます。月次決算を行っている会社は多いですが、決算が出るまでは最低でも数日かかります。それを待っていては遅いのです。「**とにかく現預金こそが、経営の命綱**」なのです。

08 負債も純資産も調達するためのコストがかかる

1 純資産の調達コストって何？

負債には、流動負債と固定負債があるとお話ししましたが、もうひとつ別の分類として「**有利子負債**」と「**無利子負債**」に分ける方法があります。

「**有利子負債は、銀行からの借入や社債、リース債務など、金利を支払う**」必要がある負債です。無利子負債は、支払手形や買掛金、未払金など、金利を支払う必要がない負債です。

「**有利子負債と無利子負債を全部足したものが負債総額で、それに対して年間いくら金利を支払っているかを計算したものが〝負債の調達コスト〟**」になります。「**負債というかたちで資金を調達するのに、どれだけ費用がかかっているかが〝負債の調達コスト〟**」なのです。

一方、純資産にも調達コストがかかっています。「純資産の調達コストは何ですか？」と聞くと、多くの人は「配当」と答えますが、では、配当していない会社は調達コストがかかっていないのかといえば、そんなことはありません。

「純資産の調達コストは、株主の期待利回り」です。**「国債金利＋α」**で計算されます。純資産全体は株主がその会社に預けているものですが、その**「利回りが安全な国債と同じだとしたら、株主がリスクをとってその会社に投資している意味がありません」**。つまり、**「国債の金利＋αの期待利回りがあり、それが純資産の調達コスト」**だといわれています。

この株主の期待利回りの計算モデルが、「ＣＡＰＭ（**Capital Asset Pricing Model**）：資本資産価格モデル」です。簡単にいえば、「国債の金利＋α」のαがいくらなのかを計算する方法で、この**「αは、自社の株価や市場全体の株価の動きなどから計算」**できます。

では、この**「αがどれくらいかといえば、標準的な企業で5％くらい。株価の変動が激しい企業では10％くらい」**です。

負債の調達コストと純資産の調達コストを加重平均したものが、負債と純資産の両方を足した貸借対照表の右側の調達コストになります。これを「ＷＡＣＣ（**Weighted Average Cost of Capital**）：加重平均資本コスト」といいます。その会社が使う資金をすべて調達するために、何％のコストを支払っているのかという数値です。

「上場企業の経営者なら、この加重平均資本コストが何％なのかは、必ず知っておかないといけない」ものです。

そして、営業利益ベースで計算するＲＯＡ（利益÷資産：119頁参照）は、このＷＡＣＣを超えるものでなければならないのです。

09 「ROE」と「ROA」はどちらが大事？

1 「伊藤レポート」でROE8％が命題に

「**ROE（Return On Equity）：自己資本利益率**」は、会社の自己資本（株主資本とその他の包括利益累計額の合計）に対する当期純利益の割合のことで、純利益÷自己資本で求められます。

つまり、「**株主が預けているお金が、どれくらいの利回りで回っているか**」というのとほぼ同じ意味あいです。ROEを計算する際に使う利益は、（親会社株主に帰属する）純利益です。それが株主に帰属する利益だからです。

一橋大学大学院商学研究科の伊藤邦雄教授を座長とする経済産業省のプロジェクトにおける「伊藤レポート」で、ROE8％以

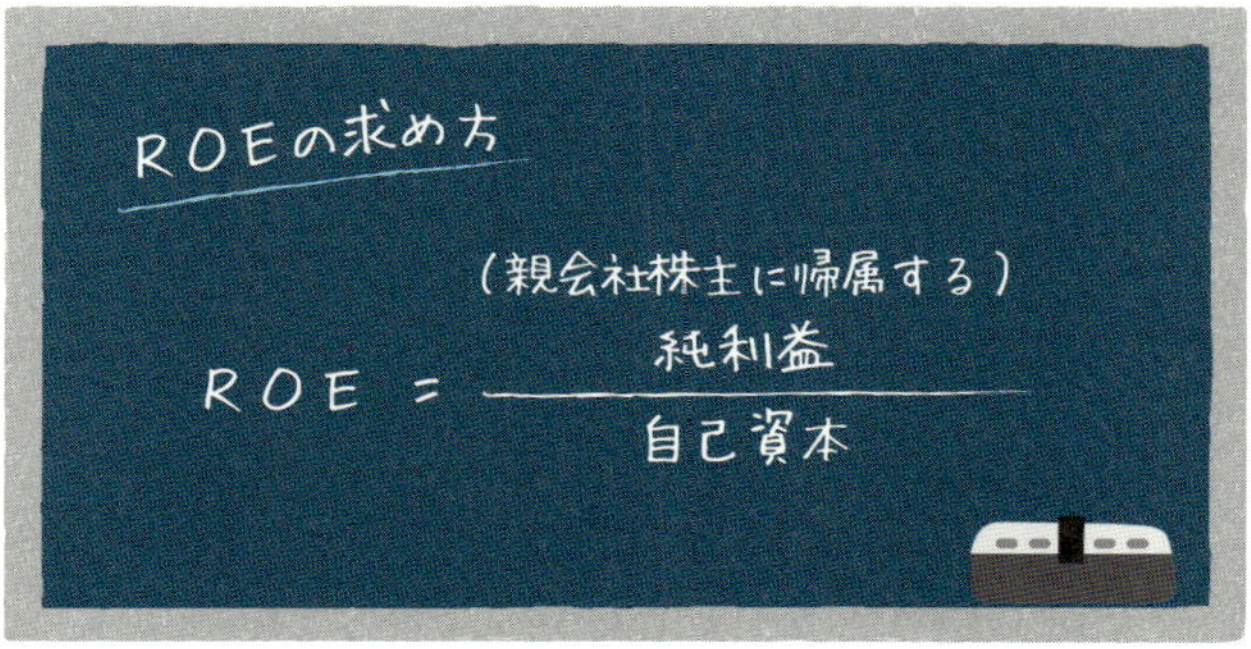

上が求められて以後、これが上場企業の命題となり、多くの会社がROEを高めることにかなりの神経を使うようになりました。

日本マクドナルドの平成28年12月期の決算短信を見ると、自己資本当期純利益率という数値があり、これがROEで、4・9%となっています。

「ROEを上げる方法は2つで、分子の純利益を上げるか、分母の自己資本を下げるか」です。

ただし、自己資本を下げれば、自己資本比率も下がるので、会社の中長期の安全性が下がることも認識しておかないといけません。

自己資本比率が十分に高い企業なら別ですが、**「ROEを高めるために自己資本を減らし、会社のリスクを高めているとしたら、本末転倒」**というしかありません。

● 日本マクドナルドの「決算短信」から「ROE」を見る

ROEを上げるなら、純利益を上げるか、自己資本を下げる

（%表示は対前期増減率）

	売上高		営業利益		経常利益		親会社株主に帰属する当期純利益	
	百万円	%	百万円	%	百万円	%	百万円	%
28年12月期	226,646	19.6	6,930	―	6,614		5,366	―
27年12月期	189,473	△14.8	△23,440	―	△25,898		△34,951	―

	1株あたり当期純利益	潜在株式調整後1株あたり当期純利益	自己資本当期純利益率	総資産経常利益率	売上高営業利益率
	円 銭	円 銭	%	%	%
28年12月期	40.37	―	4.9	3.7	3.1
27年12月期	△262.88	―	△27.3	△14.1	△12.4

2 ROAを上げれば、ROEも上がる

「ROA（Return On Asset）：資産利益率は、会社の資産に対する利益の割合」のことです。

ROEの分子は純利益でしたが、ROAの利益は、純利益だけでなくケースバイケースで使い分けます。たとえば、先にお話ししたように、WACCと比べる場合には、金利などを支払う前の利益である必要があるので、営業利益が適切になります。

ROAの利益を純利益とすると、ROAの式は次のように分解することができます。

ROA＝（売上高÷資産）×（純利益÷売上高）

「売上高÷資産＝資産回転率で、資産に対してどれだけ売上が出ているか、資産の有効活用度合いを表す指標」です。

「純利益÷売上高＝売上高利益率」です。したがって、ROAは、資産回転率と売上高利益率を掛け算したものになります。どちらかが上がれば、ROAも上がるということです。

ROEの式も同様に次のように分解することができます。

ROE＝（売上高÷資産）×（純利益÷売上高）×（資産÷自己資本）

「(売上高÷資産)×(純利益÷売上高)」は「ROA」です(下図参照)。

「**資産÷自己資本**」は、自己資本比率の逆数で、専門的な言葉で「**財務レバレッジ**」といいます。レバレッジは、通常は「てこ」という意味ですが、ファイナンスの世界では負債(借金)のことです。つまり、「**負債を増やせば増やすほど、財務レバレッジは大きくなります**」。

したがって、「**ROE＝ROA×財務レバレッジ**」となり、ROEを高めようと思えば、ROAを高めるか、財務レバレッジを高める、つまり「**自己資本比率を下げればいい**」わけです。

ROEブームに乗って、とにかくROEを上げようと、自己資本比率を下げれば、ROEは簡単に上がりますが、逆に、安全性は下がります。もともとの財務内容がとてもいい会社ならそれでもいいですが、私は安易にROEを上げるために安全性を下げるのには反対です。

言い方を変えれば、「**ROAを上げればROEも上がるのですから、ROA全般を上げるような経営をするのが正し**

● ROEを上げるのではなくROA全般を上げる正しい経営をする

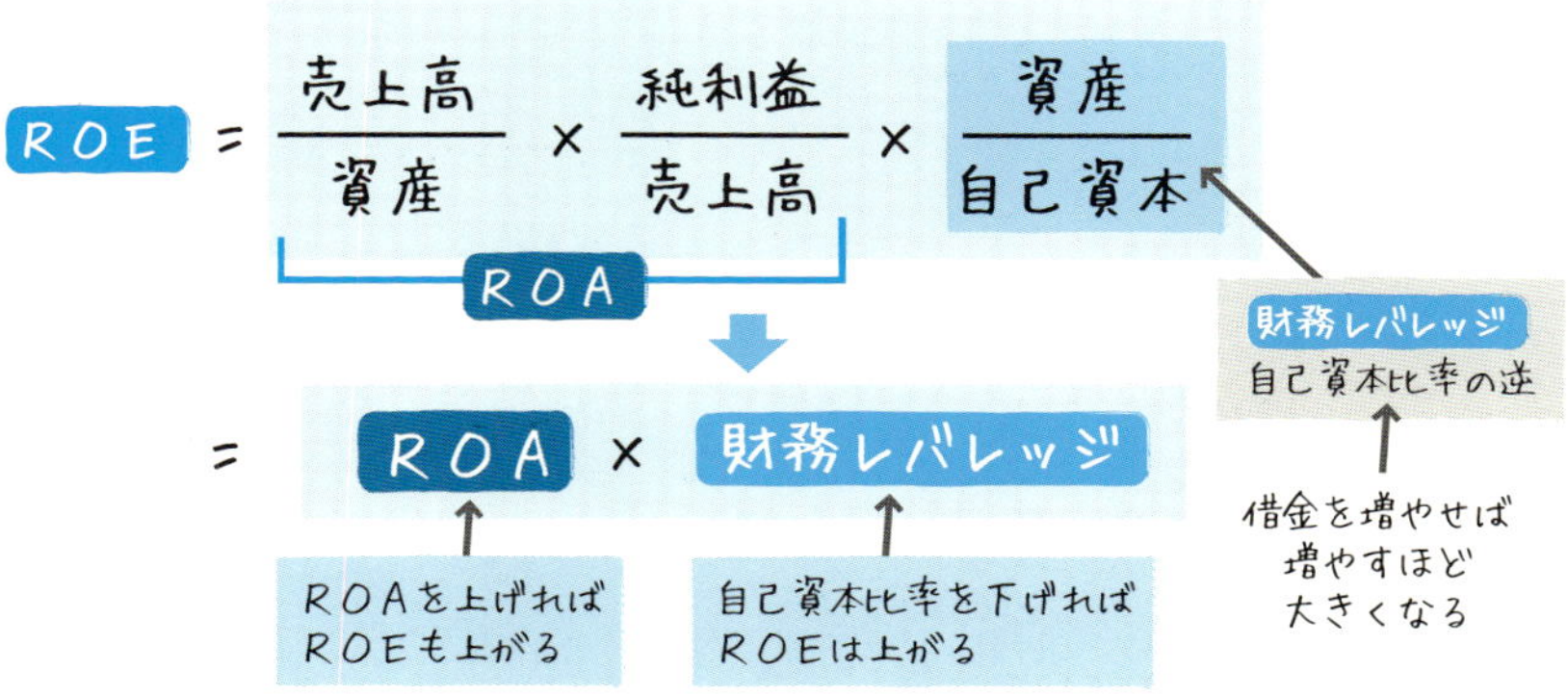

い経営」だということです。

さらにいえば、経営者は株主に対しても責任がありますが、同様に負債に対しても責任があります。ならば、「**ROEだけでなくROAもきちんと見ることが大切**」ということです。

3 上級編 トヨタが無借金経営にしない理由

負債と純資産の調達コストでは、純資産の調達コストのほうが通常は高くなっています。「**負債の調達コストは、一般の会社でも1％を切っている会社がほとんど**」です。有利子負債の金利も低く、かつ無利子負債があるからです。

一方、純資産の調達コストは、国債金利は現状ほぼゼロですが、株価の変動率にもよりますが5％前後はあるため、負債と純資産の調達コストであるWACCも純資産の多い会社ではその分高くなります。

先にも説明したように、WACCより営業利益ベースでのROAのほうが高くなる必要があります。たとえば「**WACCが5％なら、ROAは5％以上でなければ、調達コストに見あわない**」のです。

つまり、WACCよりも高い営業利益ベースでのROAを出すことが経営者の命題のひとつになります。

逆にいうと、純資産の比率が高くなり、自己資本比率が高くなればなるほど、純資産の調達コストが高いのでＷＡＣＣも高くなります。ですから、**「自己資本比率の高い上場企業は、期待されるＲＯＡが高くなる」**のです。

これは私の仮説ですが、トヨタ自動車はここ十数年、自己資本比率を36〜37％の間に収めています。トヨタは、兆円単位で利益が出るので、放っておくと自己資本比率がどんどん上がります。それを防ぐため、決算書を見れば分かりますが、十数兆円の有利子負債を抱えています。

しかし、その反対の資産サイドで、同じ額くらいの金融資産を持っています。だから実質上は**「無借金経営」**なのです。なぜこんなことをやっているのかといえば、自己資本比率を上げないためです。**「自己資本比率が上がるとＷＡＣＣが上がるため、株主などから求められるＲＯＡが上がり、自己資本比率を計算する際の分母が大きくなるため、ＲＯＥは下がるから」**なのです。

逆に、負債を増やすことで自己資本比率を下げれば（財務レバレッジを上げれば）、先の説明のように、株主が重視するＲＯＥは高まるのです。

上場していない会社は自己資本比率が高ければ、当然、安定性は高くなります。

他方、**「上場企業の場合は、必ずしも無借金経営がいいとはいえず、有利子負債のほうが純資産の調達コストよりも低い場合は、借金で資金を調達したほうが合理的」**になることもあるのです。

10 こんな会社は買収されやすい

1 財務内容がよくて時価総額が低い会社

「株価がそれほど高くなくて、貸借対照表を見ると現預金がいっぱいある"キャッシュリッチ"で、財務内容がいい会社は買収されやすくなります」。

なぜなら、買収に際しては、それらの現預金は買収資金で「現預金」を買っているようなものですから、その分「値引き」と同じになるからです。

企業がなぜ上場するかといえば、株式を公開して多くの人に株を購入してもらうことで、大量の資金を調達（ファイナンス）し、その資金で事業を拡大するためです。

しかし、上場企業の中には、将来、それほど事業を拡大する見込みがない企業もあります。こういう企業は将来性がないため、株価も上がりません。この手の企業の場合、買収されないように上場を廃止するという選択肢もあります。未上場の優良企業を目指してもいいのです。

もちろん上場のメリットは、ファイナンス以外にもいろいろあります。知名度が上がりますし、上場企業はガバナンスに対する規制が厳しいため、社内のガバナンスがききやすくなるということもあります。上場企業のほうが、未上場企業よりも一般的に商品やサービスへの信頼性が高くなるメリットもあります。

その一方で、敵対的な買収も含めて、買収されるリスクもあるということです。

お客さまのため、働く人のため、ひいては社会のためになるのはどちらなのか、経営者はさまざまな視点から判断する必要があります。

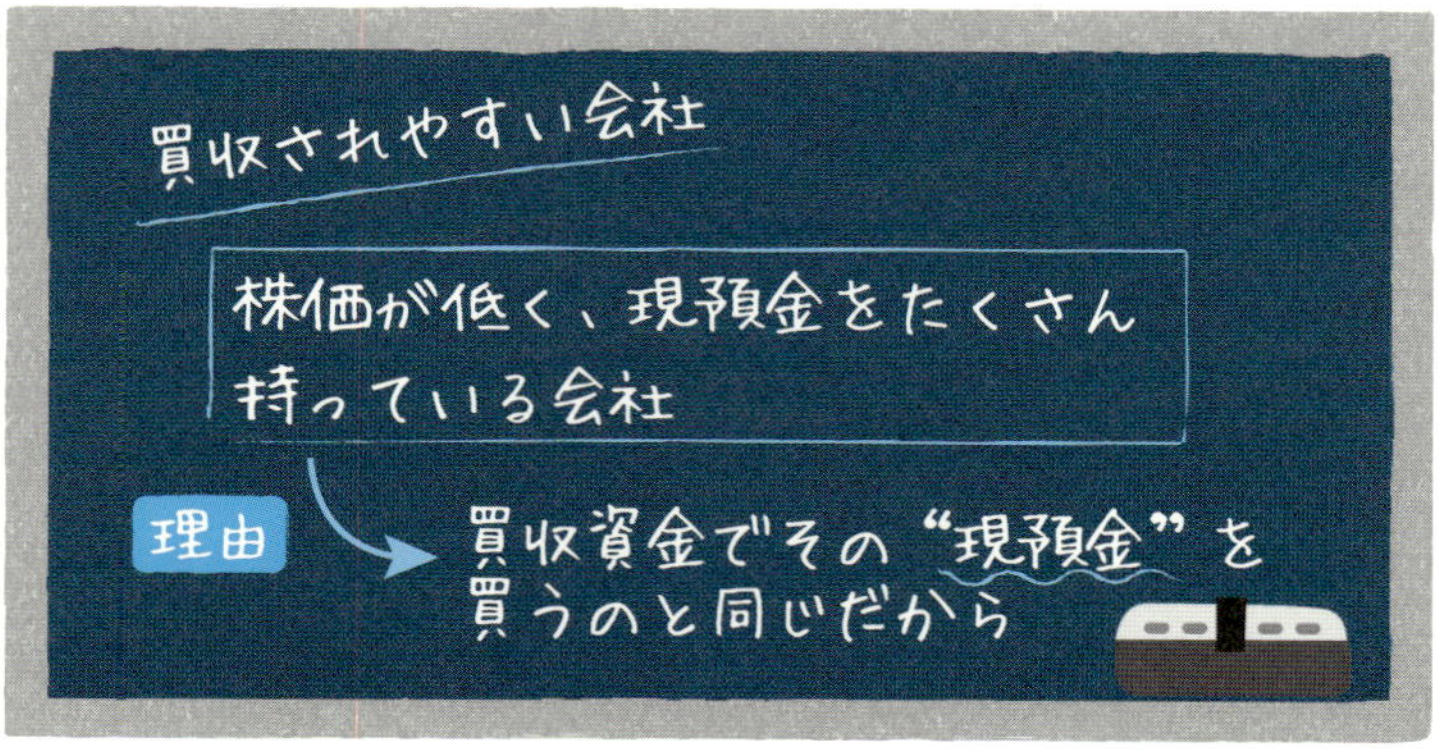

買収されやすい会社
株価が低く、現預金をたくさん持っている会社
理由
買収資金でその"現預金"を買うのと同じだから

3時限目
キャッシュ・フロー計算書は ここがポイント

お金がなくなると会
社はつぶれます。
そうならないために、
お金の流れを把握し
ましょう。

01 キャッシュ・フロー計算書って何？

1 キャッシュ・フロー計算書は3つのセクションに分かれる

１９９９年以後、国際会計基準にあわせるべく日本の会計制度も変わりました。上場企業にキャッシュ・フロー計算書の開示が義務づけられたのも、こうした流れの中でのことです。

これまで何度もお話ししてきたとおり、会社がつぶれるのは資金が尽きたとき、つまりお金がなくなったときです。それを防ぐために、お金の流れ——キャッシュ・フローを見るための決算書がキャッシュ・フロー計算書なのです。

キャッシュ・フロー計算書は３つのセクションに分かれています。

❶ 営業活動によるキャッシュ・フロー（以後、営業キャッシュ・フロー）
❷ 投資活動によるキャッシュ・フロー（以後、投資キャッシュ・フロー）

❸財務活動によるキャッシュ・フロー（以後、財務キャッシュ・フロー）

2 営業キャッシュ・フローは「稼ぎ」を表す

「**営業キャッシュ・フローは、通常のオペレーションでどれだけのお金を稼いでいるか**」を表しています。この営業キャッシュ・フローの数値がマイナス続きだと、会社は立ち行かなくなります。したがって、「**プラスの数値であることが大前提**」です。

「**どれくらい稼いでいるかを知るための指標が、〝キャッシュ・フローマージン〟**」です。

キャッシュ・フローマージン＝営業キャッシュ・フロー÷売上高

これは、売上高の何％の営業キャッシュ・フローを稼いでいるかを表します。私は、「**売上高に対して7％の営業キャッシュ・フローを稼いでいれば、いい会社**」だと判断しています。

日本マクドナルドの平成28年12月期の営業キャッシュ・フローを見ると、約197億円です。売上高が約2266億円ですから、キャッシュ・フローマージンは約8・7％（197億円÷2266億円×100）。いい数値だといえるでしょう（次頁参照）。

日本マクドナルドの「連結キャッシュ・フロー計算書」から「キャッシュ・フローマージン」を見る

（単位：百万円）

	前連結会計年後 （自　平成27年1月1日 至　平成27年12月31日）	当連結会計年後 （自　平成28年1月1日 至　平成28年12月31日）
営業活動によるキャッシュ・フロー		
税金等調整前当期純利益または税金等調整前当期純損失（△）	△35,158	6,489
減価償却費及び償却費	7,922	9,194
減損損失	3,542	286
その他	227	135
小計	△15,913	20,111
利息の受取額	5	3
利息の支払額	△171	△236
店舗閉鎖損失の支払額	△147	△57
早期退職制度関連費用の支払額	△530	△19
法人税等の支払額	△542	△79
法人税等の還付額	2,739	39
営業活動によるキャッシュ・フロー	△14,560	19,761

キャッシュ・フローマージン＝
197億円÷2,266億円×100≒8.7％

決算短信

（％表示は対前期増減率）

	売上高		営業利益		経常利益		親会社株主に帰属する当期純利益	
	百万円	％	百万円	％	百万円	％	百万円	％
28年12月期	226,646	19.6	6,930	—	6,614		5,366	—
27年12月期	189,473	△14.8	△23,440	—	△25,898		△34,951	—

キャッシュ・フローマージンが8.7％あるのでいい会社だと判断できます。

営業キャッシュ・フローの計算方法は、「**間接法**」と呼ばれる計算方式です。1番上の「税金等調整前当期純利益」から順に調整していきます。ちなみに米国では、純利益から調整します（他方、キャッシュの伝票を全部集めてきて計算する方法を「**直接法**」といいます）。

たとえば、売掛金というのは、商品やサービスを売ったけれども、まだお金を回収していません。だから、売掛金が増えた分はキャッシュ・フローを減額します。純利益を計算する際の売上高としては計上されているけれども、キャッシュはまだ入っていないからです。営業キャッシュ・フローの中ほどにある「**売上債権の増減額**」がこれです。

営業キャッシュ・フローを見ると、「**減価償却費及び償却費**」と「**減損損失**」という

● 日本マクドナルドの「連結キャッシュ・フロー計算書」から「営業キャッシュ・フロー」を見る

実際にお金は減っていないので足し戻される

（単位：百万円）

	前連結会計年度 （自 平成27年1月1日 至 平成27年12月31日）	当連結会計年度 （自 平成28年1月1日 至 平成28年12月31日）
営業活動によるキャッシュ・フロー		
税金等調整前当期純利益または税金等調整前当期純損失（△）	△35,158	6,489
減価償却費及び償却費	7,922	9,194
減損損失	3,542	286
店舗閉鎖損	927	−
早期退職制度関連費用	550	−
固定資産売却損益（△は益）	89	28
固定資産除却損	1,550	300
売上債権の増減額（△は増加）	△3,109	△2,438
たな卸資産の増減額（△は増加）	149	△136
フランチャイズ店舗の買取に係るのれんの増加額	△1,058	△143

売掛金の増加があれば減額される

勘定科目があります。これらは、先にも述べたように、実際にはお金が出ていかない費用です。「**減価償却というのは、価値を下げているだけですが、損益計算書で利益計算するときには費用として引かれます。しかし、実際にお金が出ていったわけではないので、営業キャッシュ・フロー上では足し戻される**」のです。

「**減損損失**」も同じで、資産の価値が下がった分を損失として計上していますが、実際にお金は出ていかないので、その分が足し戻されます。

「**営業キャッシュ・フローは、何よりもプラスであることが大前提でキャッシュ・フローマージンは7%が基準**」だということを覚えておいてください。

3 投資キャッシュ・フローで「将来性」が分かる

「**投資活動によるキャッシュ・フローは、投資にどれだけお金を使っているか、投資からどれだけ回収しているか**」を表しています。この投資キャッシュ・フローを見ると、会社が将来どうなるかが見えてきます。

特に注意して見るのは「**有形固定資産の取得による支出**」です。つまり、設備投資の金額です。これと、「営業キャッシュ・フロー」にある「減価償却費」や「減損損失」と比べるのです（次頁下図参照）。「**有形固定資産の取得（正確には、その売却による収入との差額）が減価償却費などより大きければ積極投資を行っている**」といえます。

日本マクドナルドの平成27年の営業キャッシュ・フローを見ると、「減価償却費」と「減損損失」をあわせて約114億円で、投資キャッシュ・フローの「有形固定資産の取得による支出」が約116億円ですから、ほぼ同額です。

日本マクドナルドの平成28年営業キャッシュ・フローを見ると、「減価償却費」と「減損損失」を足したものが約94億円と減っているの対して、「有形固定資産の取得による支出」は約147億円と増えています。つまり、「**積極投資を行った**」ということです。

前期は業績が悪く、減価償却

● 日本マクドナルドの「連結キャッシュ・フロー計算書」から「将来性」を見る

（単位：百万円）

	前連結会計年後 （自 平成27年1月1日 至 平成27年12月31日）	当連結会計年後 （自 平成28年1月1日 至 平成28年12月31日）
営業活動によるキャッシュ・フロー		
税金等調整前当期純利益または 税金等調整前当期純損失（△）	△35,158	6,489
減価償却費及び償却費	7,922	9,194
減損損失	3,542	286
店舗閉鎖損	927	−
早期退職制度関連費用	550	−
その他	227	135
小計	△15,913	20,111
利息の受取額	5	3
利息の支払額		
店舗閉鎖損失の支払額		
早期退職制度関連費用の支払額		
法人税等の支払額		
法人税等の還付額		
営業活動によるキャッシュ・フロー	△14,560	
投資活動によるキャッシュ・フロー		
有形固定資産の取得による支出	△11,690	△14,715
有形固定資産の売却による収入	502	1,041
敷金及び保証金の差入による支出	△332	△585
敷金及び保証金の回収による収入	3,132	4,458

114億円

94億円

「有形固定資産の取得」が「減価償却費」などとほぼ同額

「有形固定資産の取得」が「減価償却費」などより大きいので、積極投資を行っていることになる

116億円

147億円

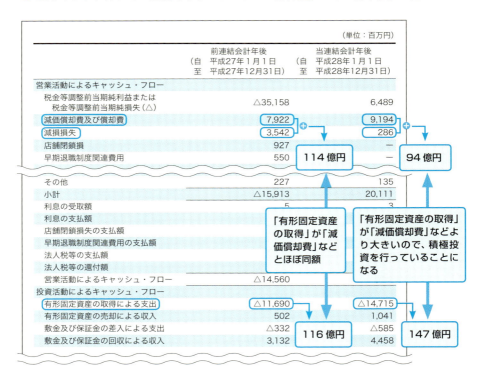

費＋減損損失分程度しか再投資できませんでした。「**価値の目減り分を再投資しているわけですから、これでだいたい現状維持**」です。

今期は利益が出たこともあり、積極投資を行いました。この投資が当たるかどうかは分かりませんが、挑戦していることは間違いありません。ですから、来期以降の業績は、少し期待できるのではないかと考えられます。

投資キャッシュ・フローには、「3カ月以上の定期預金」や「有価証券投資」も入ってきます。お金のある会社は、さまざまなものに投資するの

● 楽天の「連結キャッシュ・フロー計算書」から「設備投資」や「M&A」といった積極投資をしているか見る

（単位：百万円）

	前連結会計年後（自 2015年1月1日 至 20156年12月31日）	当連結会計年後（自 2016年1月1日 至 2016年12月31日）
営業活動によるキャッシュ・フロー		
税引前当期利益	91,987	73,923
投資活動によるキャッシュ・フロー		
拘束性預金の戻入による収入	192	21,203
定期預金の預入による支出	△14,785	△17,681
定期預金の払戻による収入	12,439	15,110
有形固定資産の取得による支出	△19,688	△12,657
無形資産の取得による支出	△34,560	△42,325
子会社の取得による支出	△60,607	△33,612
持分法投資の取得による支出	△4,000	△19,401
銀行事業の有価証券の取得による支出	△378,355	△249,291
銀行事業の有価証券の売却及び償還による収入	343,721	348,081

設備投資をしているかどうか分かる

M&Aをしているか分かる

知的財産などを取得しているか分かる

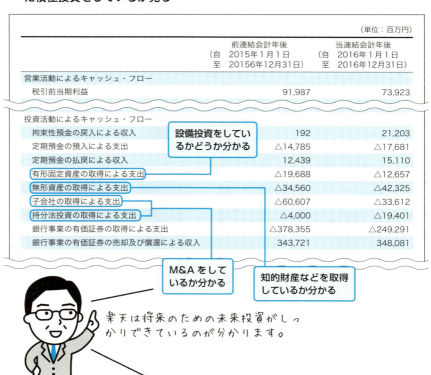

で、それらは財務的な投資だと考えたほうがいいでしょう。

「それよりも注意して見ておく必要があるのが〝設備投資〟や〝M&A（企業買収）〟」です（前頁下図参照）。設備投資の金額は、投資キャッシュ・フローの「**有形固定資産の取得による支出**」などの勘定科目を見れば分かります。M&Aをした場合は、「**子会社の取得による支出**」や「**持分法投資の取得による支出**」といった勘定科目があるので、そこで確認できます。「**無形資産の取得による支出**」も「知的財産」などの取得を表しますから、こちらも積極投資を行っているかのチェックポイントです。

これらは将来のための未来投資です。会社の将来性を見るには、投資キャッシュ・フローが1番です。

4 財務キャッシュ・フローはその内容を吟味

財務活動によるキャッシュ・フローは、資金を調達するファイナンスと、株主に対する還元の金額です。前半のファイナンス部分は、お金の借入と返済、増資などです。

日本マクドナルドの平成28年の財務キャッシュ・フローを見ると、「長期借入れによる収入」が120億円、「長期借入金の返済による支出」が95億円です。つまり、長期借入を約120億円借りて、約95億円返したということです（次頁下図参照）。

短期は、借りたお金と返したお金を相殺したネット額だけが掲載されます。△50億円というのは、50億円返したことを表しています。前期は逆に、短期で50億円を借り、さらに長期で220億円を借りて、長期借り入れの返済は約19億円しかありません。資金が不足ぎみだったので、たくさんお金を借りて、キャッシュポジションを上げたわけです。今期は、資金に余裕ができたので、貸借対照表の負債の部でも分かりますが、返済を増やしています。

「配当金の支払額」を見ると、平成27年も平成28年も、39億8800万円でまったく同じです。利益剰余金が十分あったので、業績が悪かったときも安定配当を行ったということが分かります。

借入れを増やす、増資するとい

● 日本マクドナルドの「連結キャッシュ・フロー計算書」から「キャッシュポジション」を見る

（単位：百万円）

	前連結会計年後 （自 平成27年1月1日 至 平成27年12月31日）	当連結会計年後 （自 平成28年1月1日 至 平成28年12月31日）
営業活動によるキャッシュ・フロー		
税金等調整前当期純利益または税金等調整前当期純損失（△）	△35,158	6,489
その他	17	△26
投資活動によるキャッシュ・フロー	△13,252	△11,032
財務活動によるキャッシュ・フロー		
短期借入金の純増減額（△は減少）	5,000	△5,000
長期借入れによる収入	22,000	12,000
長期借入金の返済による支出	△1,875	△9,500
ファイナンス・リース債務の返済による支出	△1,524	△1,424
配当金の支払額	△3,988	△3,988
財務活動によるキャッシュ・フロー	19,611	△7,912
現金及び現金同等物に係る換算差額	△38	40
現金及び現金同等物の増減額（△は減少）	△8,239	856
現金及び現金同等物の期首残高	28,628	20,388
現金及び現金同等物の期末残高	20,388	21,244

短期で50億円、長期で220億円借りている

返済が少ないのは、キャッシュポジションを上げるため

利益剰余金が十分にあったので、安定した配当ができている

120億円借りて95億円返したということ

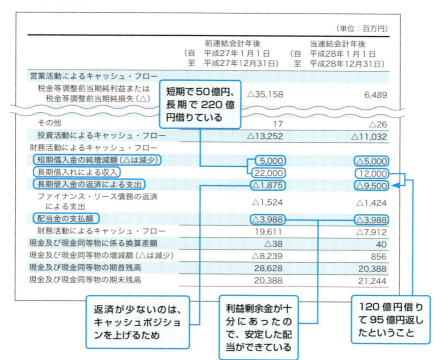

ったことは一概に悪いとはいえませんが、財務内容が悪化する、あるいは、1株あたりの資産や利益が希薄化するという問題があります。

「財務キャッシュ・フローがプラスの場合は、お金を調達している」ことを意味します。ですから、プラスが毎年続いている会社は、よほど右肩上がりで成長していないかぎり要注意です。もちろん、急速に業績を伸ばしているときにはファイナンスも旺盛ですが、業績が悪いときにも資金調達が必要なことも多いのです。財務キャッシュ・フローを見る際には、そのあたりの戦略上の動きも見ておかなければなりません。

ファイナンスの状態がニュートラル（資金調達、返済がない、あるいは同額）といった場合には、配当や自社株買い入れなど、株主還元の分だけ財務キャッシュ・フローはマイナスとなるのです。

理想のキャッシュ・フロー計算書とは？

キャッシュ・フロー計算書の理想の姿は、**「営業キャッシュ・フローで稼ぎ（プラス）、投資キャッシュ・フローで使い（マイナス）、財務キャッシュ・フローのファイナンス部分はニュートラル（つまり借入も返済もない）あるいはマイナス（返済）、そして株主還元分だけマイナスになる」**というものです。

「投資キャッシュ・フローのマイナスと、財務キャッシュ・フローのマイナスをあわせた金額が、営業キャッシュ・フローの稼ぎの範囲内であれば、キャッシュは増えるので、理想のかたち」

だといえます。

平成28年の日本マクドナルドは、営業キャッシュ・フローで約１９７億円を稼ぎ、約１１０億円を投資キャッシュ・フローで使い、財務キャッシュ・フローのマイナスは約80億円ですから、少しだけキャッシュが増えた計算になり、理想的です。

● 日本マクドナルドの「連結キャッシュ・フロー計算書」から営業・投資・財務のそれぞれのキャッシュ・フローを見る

（単位：百万円）

	前連結会計年後 （自　平成27年１月１日 至　平成27年12月31日）	当連結会計年後 （自　平成28年１月１日 至　平成28年12月31日）
法人税等の還付額	2,739	39
営業活動によるキャッシュ・フロー	△14,560	19,761
投資活動によるキャッシュ・フロー		
有形固定資産の取得による支出	△11,690	△14,715
有形固定資産の売却による収入	502	1,041
敷金及び保証金の差入による支出	△332	△585
敷金及び保証金の回収による収入	3,132	4,458
ソフトウエアの取得による支出	△4,075	△551
資産除去債務の履行による支出	△807	△652
その他	17	△26
投資活動によるキャッシュ・フロー	△13,252	△11,032
財務活動によるキャッシュ・フロー		
短期借入金の純増減額（△は減少）	5,000	△5,000
長期借入れによる収入	22,000	12,000
長期借入金の返済による支出	△1,875	△9,500
ファイナンス・リース債務の返済による支出	△1,524	△1,424
配当金の支払額	△3,988	△3,988
財務活動によるキャッシュ・フロー	19,611	△7,912
現金及び現金同等物に係る換算差額	△38	40
現金及び現金同等物の増減額（△は減少）	△8,239	856
現金及び現金同等物の期首残高	28,628	20,388
現金及び現金同等物の期末残高	20,388	21,244

少しだけキャッシュが増えた

02 キャッシュ・フローがなぜ重要なのか？

1 利益とキャッシュ・フローの違い

利益は、会計上の概念なので、「**利益が出ていても、キャッシュがなくなれば会社はつぶれます**」。いわゆる黒字倒産です。売掛金が膨らむ、過大投資をするなどの場合には、キャッシュは減少します。

もちろん、利益はキャッシュの原泉ですから、利益が出ずに長期的にキャッシュが増えるということはありませんが、利益を出して、キャッシュを増やす経営をしていかなければならないのです。この「**利益とキャッシュの流れは違う**」ということを、十分に理解しておくことがとても大切です。

経営者の中には、キャッシュ・フローより利益を優先する人がいます。なぜなら、配当も利益から出すため、株主が利益を重視するからです。株価も利益に敏感に反応します。株主の期待に応えるのも経営者の仕事ですから、利益を優先してしまうのです。

しかし、会社の価値の源泉はキャッシュ・フローであり、会社がつぶれるかつぶれないかという命運を決めるのもキャッシュ・フローです。キャッシュ・フロー計算書の営業キャッシュ・フローの項目建てを見ても分かるとおり、利益はキャッシュ・フローの源泉なので、もちろん大事なのですが、それだけではダメで、「**利益を出したうえでキャッシュ・フローもプラスにするのが、経営者の大事な仕事**」なのです。

2 買収する会社の値段を計算する方法

会社を買収するときに、相手の会社をいくらで買うか、会社の値段をどうやって計算し

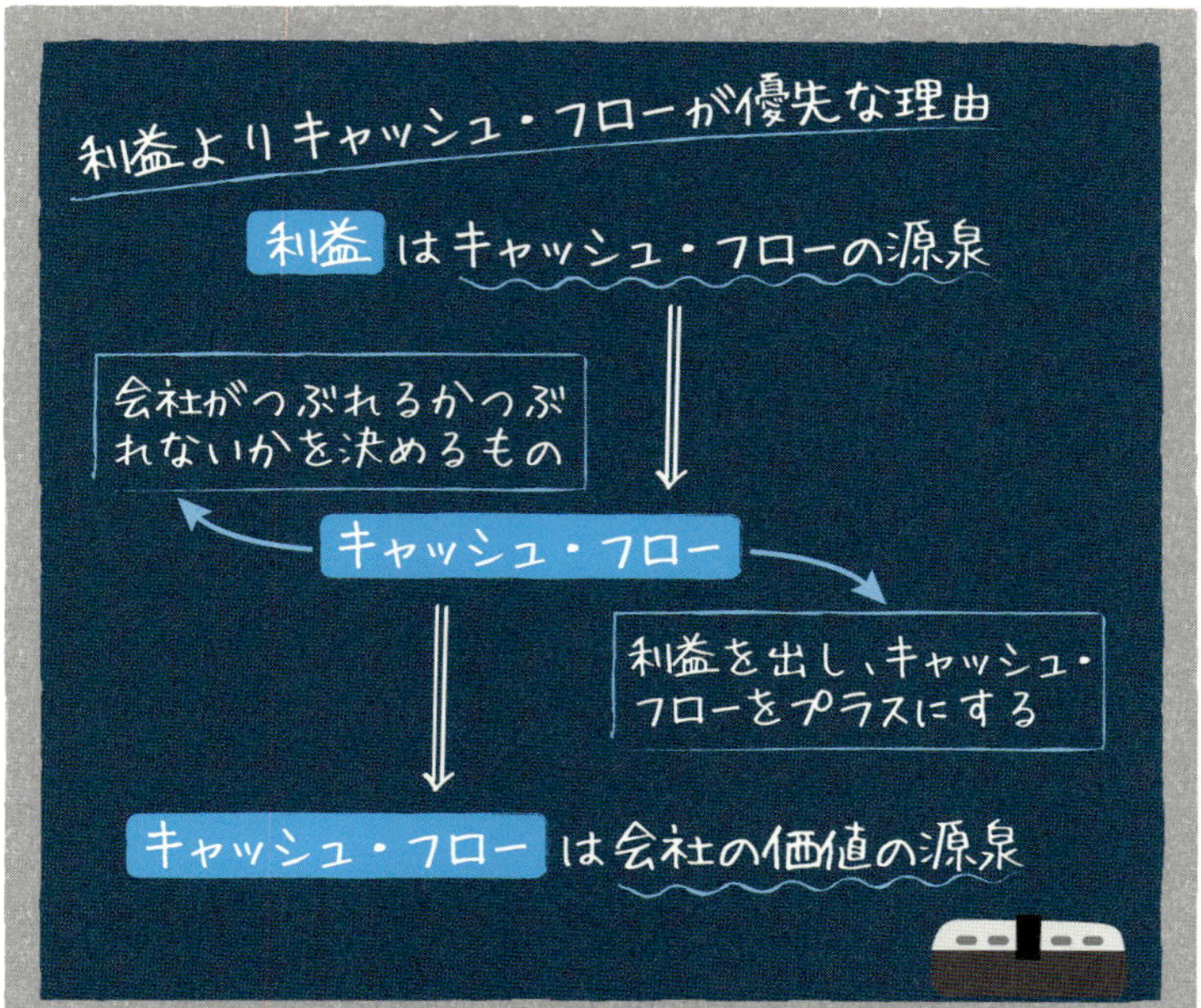

ているのかを簡単にお話ししましょう。

まず会社を買うというのは、実際にはその会社の株式を買うのです。ですから、株価が会社の価値を表します。つまり、**「株式価値＝会社の値段」**ということです。

では、株式価値はどうやって計算するのでしょうか。一般的には、キャッシュ・フローの現在価値からネットでの有利子負債を引いたものが、その会社の株式価値になります。

❶ 株式価値（会社の値段）＝キャッシュ・フローの現在価値－ネット有利子負債

「ネット有利子負債」とは、有利子負債から現預金を差し引いたものです。

会社の買収価格の計算方法は、もうひとつあります。企業を買収する際には、株式を買うだけでなく、同時に、相手企業の負債（有利子負債）も引き受けなければなりません。この企業買収するときに必要な総額を**「エンタープライズ・バリュー」**といいます。

エンタープライズ・バリューは少し難しいですが、EBITDA×X倍で計算します。

EBITDA（**Earnings before Interest, Taxes, Depreciation and Amortization**）は、利払い前・税引き前・減価償却前利益のことです。簡単にいうと、**「営業利益に減価償却費を足し戻したもの」**です。営業利益を計算するときに減価償却費を引いているので、それを足し戻すのです。

ファンドが会社を買うときには、こちらの計算式を使います。**「株式価値＋ネット有利子負債＝エンタープライズ・バリュー」**と定義し、**「EBITDAの何倍で買うかを判断します。多く**

は5〜10倍」です。私は、10倍を超えると少し高いかなと考えます。ここでいうX倍を「**EBITDA倍率**」といいます。

❷ 株式価値＋ネット有利子負債＝EBITDA×X

3 会社とファンドでは視点が違う

先ほどの❷の式は、次のように移項できます。❶の計算式と比べてみると（左図参照）、キャッシュ・フローの現在価値とEBITDA×X倍が、同じになることが分かります。

❷' 株式価値＝（EBITDA×X）－ネット有利子負債
❶ 株式価値＝キャッシュ・フローの現在価値－ネット有利子負債

キャッシュ・フローの現在価値は、将来のことを予測して計算しています。一方、EBITDAは過去の数値から計算します。営業利益と減価償却費を足したものは、過去の実績ですからね。

通常、ファンドは、会社に投資を行うのが目的で、経営にまで関与することはありません（もちろん、経営に大きく関わるファンドもあります）。ですから、「**その会社の過去の実績を見て、**

その何倍までで買うかを決める」のです。一方、事業法人や、積極的に経営に関与するファンドが会社を買収するときには、買収後の経営のしかたによって、将来のキャッシュ・フローを変えることができます。ですから経営に大きく関与できる場合には、「**将来のキャッシュ・フローの現在価値で計算して買収額を決める**」のも合理的な判断なのです（ただし、将来のキャッシュ・フローは恣意的になりがちな点にも注意が必要です）。

このように、事業会社が買収する場合と、ファンドが買収する場合では、見る視点が違います。ただし、ファンドでも、買収した会社を経営する場合には、両方を見ることになります。

4 企業が会社を買収するときは、値段が上がりがち？

キャッシュ・フローの現在価値を計算する際、将来の何年分を見るのかという質問をよく受けます。買収側は、固めに見たほうがいいので、「**10年くらいなど、自分たちが確実にキャッシュ・フローを稼げると思われる期間を見ればいい**」でしょう。また、キ

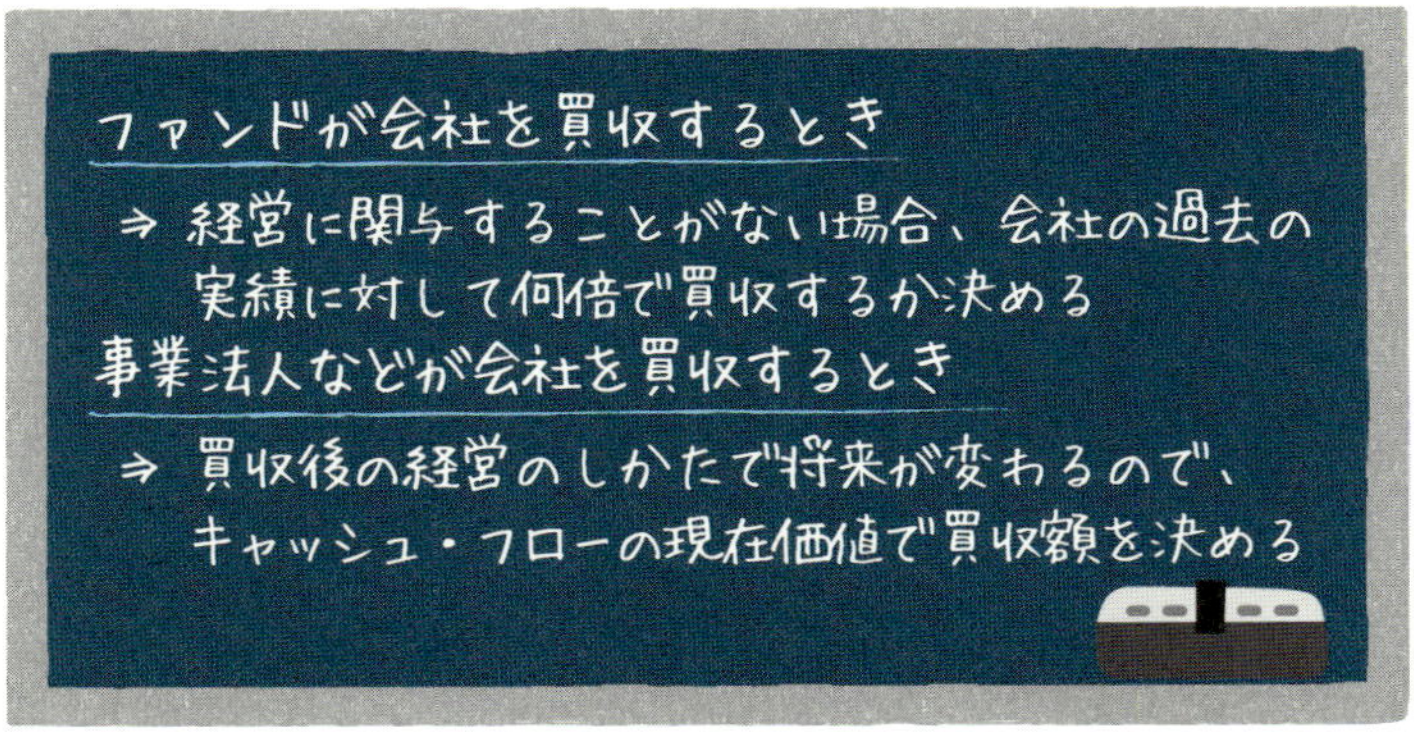
ファンドが会社を買収するとき
⇒ 経営に関与することがない場合、会社の過去の実績に対して何倍で買収するか決める
事業法人などが会社を買収するとき
⇒ 買収後の経営のしかたで将来が変わるので、キャッシュ・フローの現在価値で買収額を決める

ャッシュ・フローの現在価値を計算するとき金利で割り引きますが、この金利は先にお話しした、買収する企業のWACC（加重平均資本調達コスト）です（116頁参照）。つまり、貸借対照表の右側が、その会社にとっての資金調達コストですから、それで割り引くということです。リスクが高いときは、プラスαの金利を乗せます。

会社を買収する際には売る側と買う側がそれぞれ会社の価値を計算しますが、金額に大きな開きが出るのが普通です。たとえば、売る側が計算すると150億円で、買う側が計算すると50億円という場合、交渉によって100億円で妥結することもあれば、売る側が125億円以下では売らない、買う側は75億円以上出さないとなれば交渉は決裂し、違う相手を探すことになります。

「**企業が会社を買収するときには、恣意的になりがちで、そのため巨額買収になる**」ことがあります。たとえば、ブリヂストンがアメリカのファイヤーストーンを買ったのは20年以上前ですが、「高い買い物」といわれました。しかし、今から考えればきちんと元をとっているので、それほど高い買収ではなかったといえます。きちんと元がとれればいいのです。

ソフトバンクは、アーム社を3兆円以上で買いました。EBITDA×X倍ではとても説明ができない値段です。孫正義社長は、今後、アーム社が3兆円以上の価値を生み出すと考えているのでしょう。ただ、もし想定しただけの利益（キャッシュ・フロー）が出ないと、無形固定資産のところ（90頁参照）でお話しした「のれん」を減損しなければならなくなります。場合によっては、かなりの額の減損を行う可能性があるわけです「**投資家は、そうしたリスクも見ておく必要がある**」のです。

4時限目

決算書から会社の稼ぐ力を読み取ろう

決算書からいろいろな数字を計算してみると、会社本来の稼ぐ力が見えてきます。

01 売上は増えているか？

売上高成長率

1 売上高は市場でのプレゼンスの大きさ

一般的には「**売上**」といいますが、会計用語としては、「**売上高**」と呼びます。

売上高は、市場におけるその企業のプレゼンス（存在意義）だと1時限目でお話ししました。つまり、その企業が提供する商品やサービスが、その市場でどれくらいのシェアがあるのかは、売上高で分かるのです。

「**〝売上高成長率〟は、その名のとおり、売上高の成長率のことで、企業の成長度合いを見る基本的な指標**」です。

当期の売上高から前期の売上高を引いた金額を、前期の売上高で

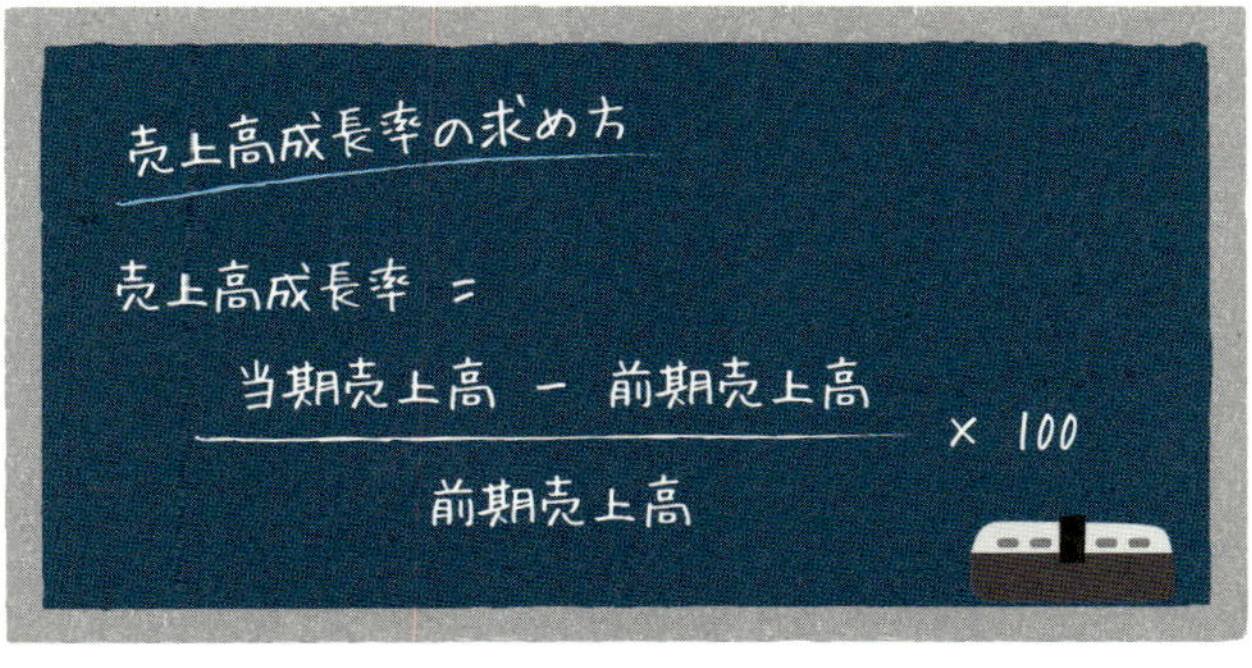

売上高成長率の求め方
売上高成長率 ＝
当期売上高 － 前期売上高
前期売上高
× 100

割り、100を掛けた数値です。当期売上高が105億円で、前期売上高が100億円なら、（105－100）÷100×100＝5となり、5％成長したことが分かります。

ただし、**「売上高が増えれば、市場のシェアが高まっているかといえば、そうともかぎりません」**。市場全体が成長していれば、その企業の売上高の伸び以上に、他社の売上高が伸びている可能性もあります。その場合、シェアは下がっています。ですから、同業他社の売上高も見る必要があります。

シェアが低い「泡沫候補《ほうまつこうほ》」になってしまうと、市場でのコントロール力がなくなります。

もうひとつ、シェアに関していうと、たとえば、新日鉄住金にとってのトヨタ自動車のように、ある企業にとっての重要顧客企業については、その顧客企業の中でのシェアにも注意しておく必要があります。**「新日鉄住金であれば、トヨタの中で自社のシェアがどれくらいなのか、増えているのか、減っているのかが大事」**なのです。こうした数値は、一般的には公開されていないので、営業活動を通じて入手するしかありません。最大の顧客企業に対しては、そうした情報をもらえるだけの信頼関係を築くことも大事なことなのです。

特に、小さい企業が大企業と取引をすると、その大企業との取引が売上高の大部分を占める場合があります。しかし、その大企業から見れば、小さい企業は泡沫候補ということもあり得ます。大企業が何かの理由で取引先を減らすことになったら、普通は取引金額の少ない企業から取引を中止することが多いので、小さい企業にとっては大問題となります。したがって、**「顧客企業から見た自社の位置づけを見ることが重要」**になるのです。

02

資産回転率

資産は有効に活用されているか？

1 資産の効率性を高める

「資産がどれだけ有効に活用されているか、資産がどれだけ売上高に貢献しているかを表す指標が〝資産回転率〟」です。**「売上高÷資産」**で計算されます。

資産回転率は、数値が大きいほうが、資産の有効活用度合いが高いことを表します。

ただし、資産回転率が高い会社は注意が必要です。なぜなら、いざというときに売るものがないからです。

資産回転率が高い会社は、資産を有効活用しているわけですから、効率性という点ではとてもいいのです。私たちのようなコンサルテ

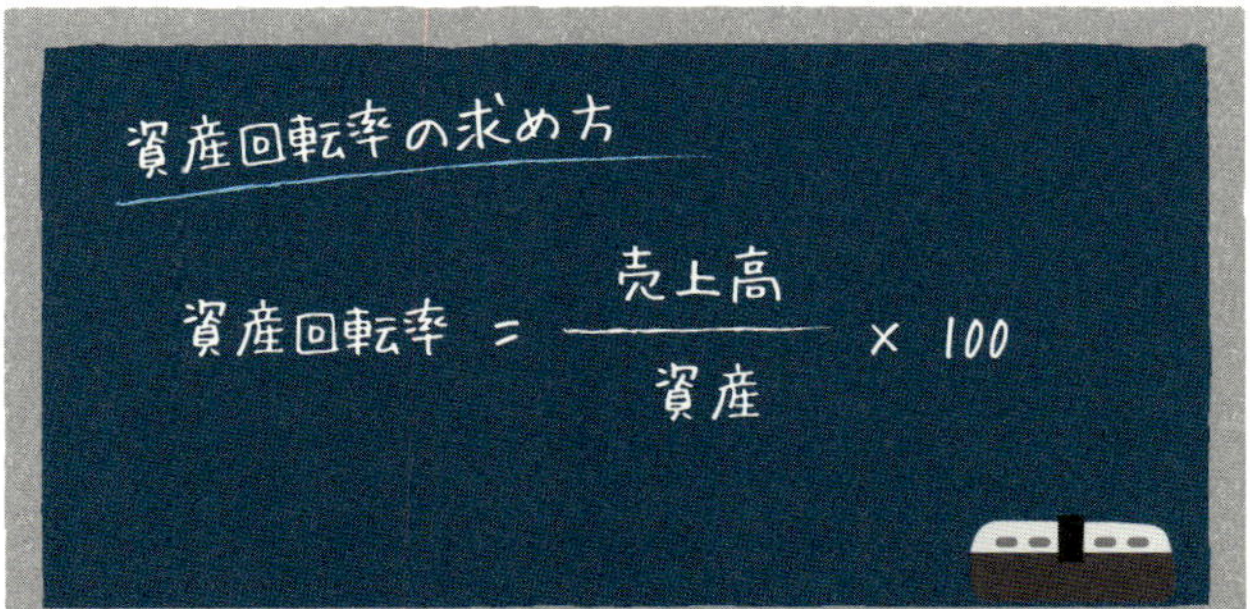

イング会社は、資産をそれほど必要としないので資産回転率が高いのですが、急に景気が悪くなったときに売るものがありません。一方で、人件費などは毎月出ていきますから資金不足になりやすく、危ないという一面もあるのです。

「製造業の場合は、資産回転率1・0倍が標準」です。たとえば、トヨタ自動車のように多額の利益を出して、それを蓄積していると、回転率は0・6倍などに下がります（下図参照）。資産の有効活用度合いは落ちている一方で、実は会社の安全度は上がっています。

前にもお話ししたように、効率性と安全性は裏腹の関係の場合もあるので、**「効率性を過度に求めると安全性が低下することもあるので、注意を払うことが大切」**です。

● トヨタ自動車の「決算短信」から「資産回転率」を見る

1. 平成29年3月期の連結業績（平成28年4月1日〜平成29年3月31日）

(1) 連結経営成績　（%表示は対前期増減率）

	売上高		営業利益		税引前当期純利益		当社株主に帰属する当期純利益	
	百万円	%	百万円	%	百万円	%	百万円	%
29年3月期	27,597,193	△2.8	1,994,372	△30.1	2,193,825	△26.5	1,831,109	△20.8
28年3月期	28,403,118	4.3	2,853,971	3.8	2,983,381	3.1	2,312,694	6.4

（注）当期包括利益 29年3月期1,966,650百万円（29.6%）28年3月期1,517,486百万円（△53.9%）

	1株当たり当社株主に帰属する当期純利益	希薄化後1株当たり当社株主に帰属する当期純利益	株主資本当社株主に帰属する当期純利益率	総資産税引前当期純利益率	売上高営業利益率
	円 銭	円 銭	%	%	%
29年3月期	605.47	599.22	10.6	4.6	7.2
28年3月期	741.36	735.36	13.8	6.3	10.0

（参考）持分法投資損益29年3月期362,060百万円28年3月期329,099百万円（参考）持分法投資損益29年3月期（注）上記の1株当たり情報は普通株式に係る情報です。

(2) 連結財政状態

	総資産	資本合計（純資産）	株主資本	株主資本比率	1株当たり株主資本
	百万円	百万円	百万円	%	円 銭
29年3月期	48,750,186	18,668,953	17,514,812	35.9	5,887.88
28年3月期	47,427,597	18,088,186	16,746,935	35.3	5,513.08

27兆5,971億円 ÷ 48兆7,501億円 ≒ 0.566倍
（平成28年は0.599倍、平成27年は0.57倍）

03

売上原価率
コストは下がっているか？

1 利は元にあり

「売上高に対して、どれだけ売上原価がかかっているかを表す指標が、〝売上原価率〟」です。

売上原価率はその数値自体も重要ですが、それ以上に、「**上がっているか、下がっているかがより重要**」になります。「**売上原価率が上がっているということは、それだけ利益が出にくくなっている**」ことを表し、逆に、「**売上原価率が下がっている場合には、それだけ利益が出やすくなっている**」といえます。

売上原価率は、同業他社と比較することが重要です。

たとえば、ユニクロを運営するファーストリテイリングと、し

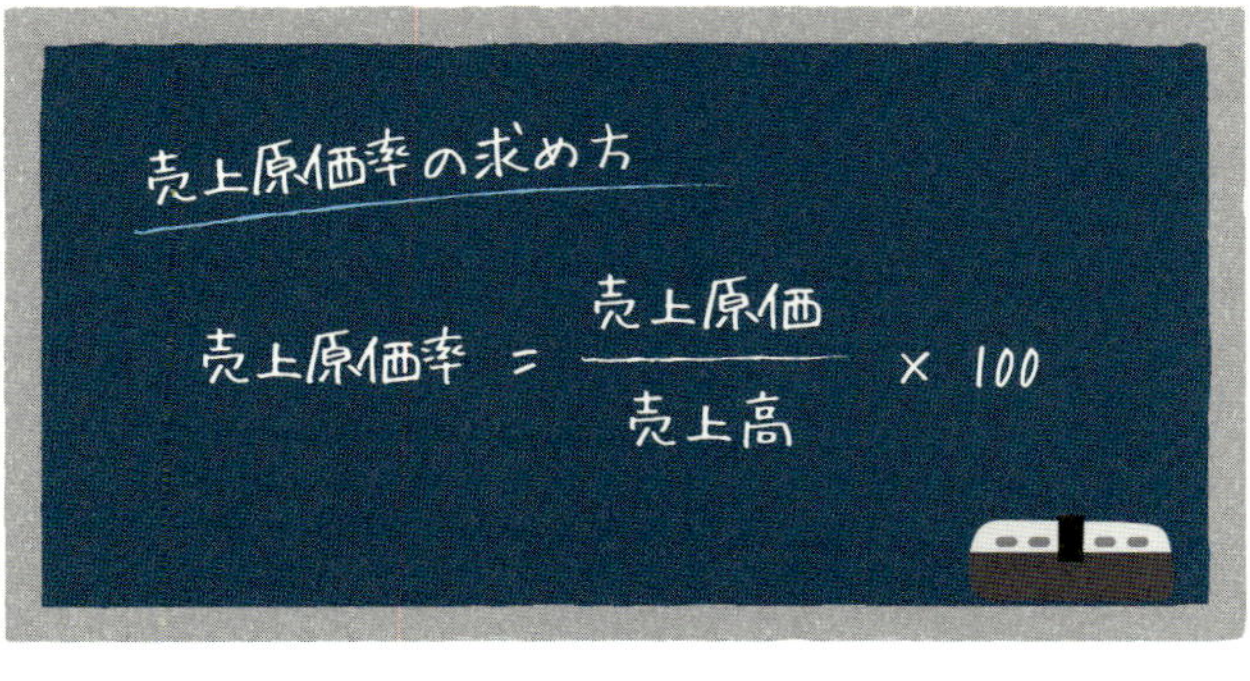

売上原価率の求め方
売上原価率 = 売上原価 / 売上高 × 100

まむらの連結損益計算書を比べてみましょう（下図参照）。

しまむらのほうが売上原価率が高いことが分かります。

これを経営の視点で見ると、しまむらは売上原価率を下げれば、もっと利益が出ると考えることもできます。

これを、顧客の視点で見ると、「**売上原価率が高いということは、それだけ商品にお金がかかっていることになるので、それだけお得**」という考え方もできます。

● ファーストリテイリングとしまむらの「連結損益計算書」から「売上原価率」を比較する

■ ファーストリテイリングの連結損益計算書

（単位：百万円）

	注記	前連結会計年度 （自 2014年9月1日 至 2015年8月31日）	当連結会計年度 （自 2015年9月1日 至 2016年8月31日）
売上収益		1,681,781	1,786,473
売上原価		△833,243	△921,475
売上総利益		848,538	864,998
販売費及び一般管理費	5	△671,863	△702,956
その他収益損	6	8,782	2,363
その他費用	6，8	△20,992	△37,112

9,214億円 ÷ 1兆7,864億円 × 100 ≒ 52%

■ しまむらの連結損益計算書

（単位：百万円）

	前連結会計年度 （自 平成27年2月21日 至 平成28年2月20日）	当連結会計年度 （自 平成28年2月21日 至 平成29年2月20日）
売上高	546,058	565,469
売上原価	373,854	377,852
売上総利益	172,204	187,616
営業収入	964	1,041
営業総利益	173,168	188,658
販売費及び一般管理費	133,254	139,863

しまむらのほうが売上原価率が高い

3,778億円 ÷ 5,654億円 × 100 ≒ 67%

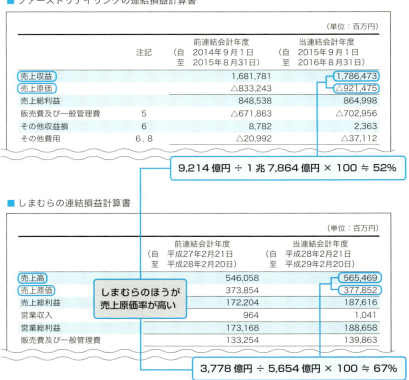

04

売上高販管費率
人件費や広告宣伝費は適正か？

1 販管費率を常にチェックする

企業の稼ぐ力を見るために、同様にチェックしておきたいのが、「売上高販管費率」です。「**〝売上高販管費率〟は、売上高に対して、どれだけ販管費がかかっているかを表す指標**」です。販管費÷売上高です。

「**売上高販管費率も、売上原価率同様に、上がっていれば、それだけ利益が出にくくなりますし、下がっていれば、それだけ利益を出しやすくなります**」。販管費をきちんとコントロールできているかどうかが分かる指標です。

たとえば、ある企業の損益計算書を3～5年分用意し、売上高販

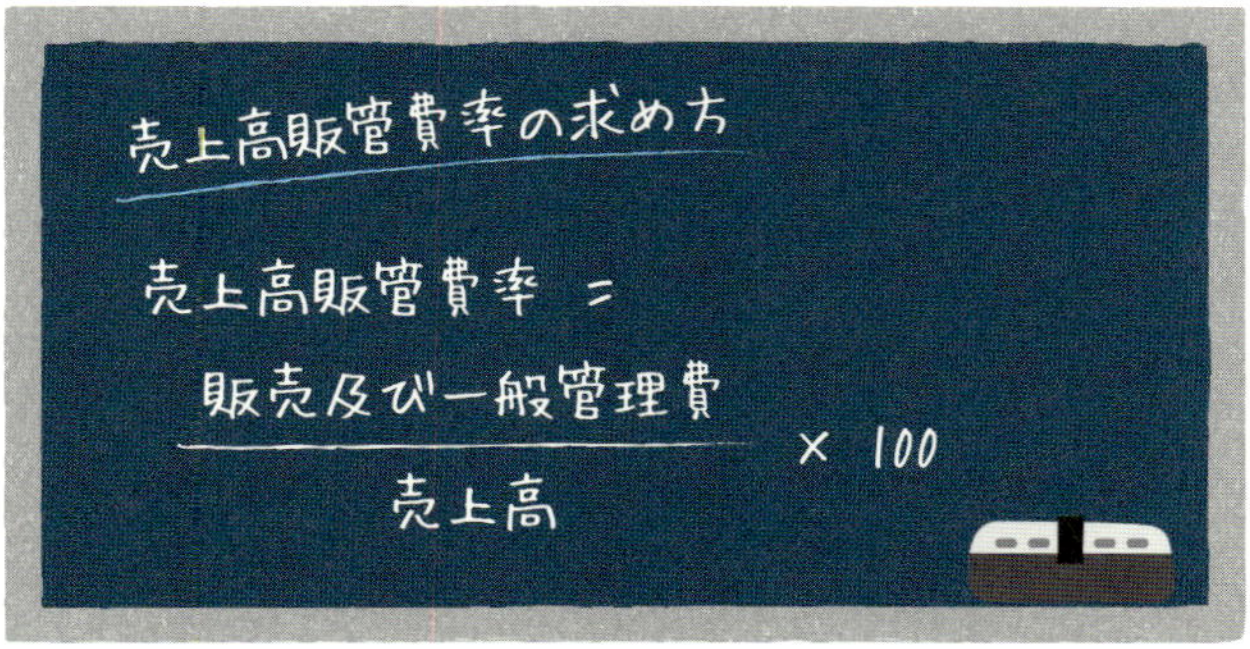
売上高販管費率の求め方
売上高販管費率 ＝
販売及び一般管理費
売上高
× 100

管費率を計算してみると、コストコントロールができているかどうかが分かります。数値が一定あるいは低減しているならコストコントロールができており、増加、あるいは大きく変動しているようならコストコントロールができていないので、おそらく安定して利益を出せていないはずです。

たとえば、ユニ・チャームの連結損益計算書を平成26年、27年、28年と3年間比較してみましょう（下図参照）。

売上販管費率は、3年

● ユニ・チャームの「連結損益計算書」から「売上高販管比率」を過去3年間見る

連結損益計算書 （単位：百万円）

	前連結会計年度 （自 平成26年4月1日 至 平成26年12月31日）	当連結会計年度 （自 平成27年1月1日 至 平成27年12月31日）
売上高	553,661	738,707
売上原価	308,421	406,521
売上総利益	245,240	332,185
販売費及び一般管理費	183,892	252,250
	61,347	79,934

1,838億円 ÷ 5,536億円 × 100 ＝ 33%

2,522億円 ÷ 7,387億円 × 100 ＝ 34%

売上販管費率は3年間比較的安定していることが分かる

連結損益計算書 （単位：百万円）

	前連結会計年度 （自 平成27年1月1日 至 平成27年12月31日）	当連結会計年度 （自 平成28年1月1日 至 平成28年12月31日）
売上高	738,707	710,965
売上原価	406,521	376,510
売上総利益	332,185	334,455
販売費及び一般管理費	252,250	256,178
営業利益	79,934	78,277
営業外収益		

2,561億円 ÷ 7,109億円 × 100 ＝ 36%

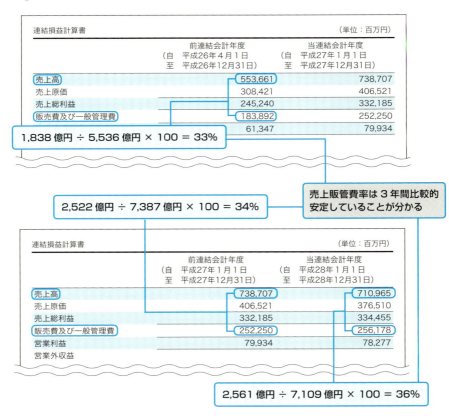

間ほぼ安定していることが分かります。平成26年度から27年度にかけては、売上高が大きく伸びているにもかかわらず、コストコントロールがしっかりできているので、安定して利益を出していることが分かります。一方、平成28年度は販管費が増え、営業利益は減少しました。

2 売上高販管費率も、同業他社と比較する

「**売上高販管費率も、同業他社と比較することが大切**」です。

たとえば、ＪＡＬとＡＮＡの連結損益計算書を比較してみると（次頁図参照）、ＪＡＬよりもＡＮＡのほうが売上高販管費率が高いことが分かります。

これは、「**ANAは管理コストが多くかかっている、経営効率が少し劣る**」という仮説が考えられます（ちなみに、ＡＮＡはＪＡＬよりも売上原価率も高いです）。

「**一般的には、同業界における売上高販管費率は同じくらいであることが多いですが、違いを見つけて〝なぜだろうか？〟と考えると、その企業の特長が見えてきます**」。

決算書は、単体で見るだけでなく、
同業他社などと比較しながら見る
ことも大事なのです。

JAL と ANA の「連結損益計算書」から「売上高販管費率」を比較する

■ JALの連結損益計算書

（単位：百万円）

	前連結会計年度（自 平成27年4月1日 至 平成28年3月31日）	当連結会計年度（自 平成28年4月1日 至 平成29年3月31日）
営業収益	1,336,661	1,288,967
事業費	931,902	926,936
営業総利益	404,759	362,030
販売費及び一般管理費		
人件費	65,348	65,602
退職給付費用	3,627	4,581
社外役務費	19,207	19,630
その他	107,383	101,884
販売費及び一般管理費合計	195,567	191,698

売上高販管費率：1,916 億円 ÷ 1 兆 2,889 億円 × 100 ＝ 14.8%

売上原価率：9,269 億円 ÷ 1 兆 2,889 億円 × 100 ＝ 71.9%

売上高販管費率も売上原価率も JAL のほうが低い

売上原価率：1 兆 3,248 億円 ÷ 1 兆 7,652 億円 × 100 ＝ 75%

売上高販管費率：2,948 億円 ÷ 1 兆 7,652 億円 × 100 ＝ 16.7%

■ ANAの連結損益計算書

（単位：百万円）

	前連結会計年度（自 平成27年4月1日 至 平成28年3月31日）	当連結会計年度（自 平成28年4月1日 至 平成29年3月31日）
売上高	1,791,187	1,765,259
売上原価	1,337,540	1,324,846
売上総利益	453,647	440,413
販売費及び一般管理費		
販売手数料	97,305	84,763
広告宣伝費	11,112	11,363
従業員給料及び賞与	37,307	36,653
貸倒引当金繰入額	92	259
賞与引当金繰入額	7,655	7,992
退職給付費用	3,306	3,203
減価償却費	17,698	18,342
その他	142,709	132,299
販売費及び一般管理費合計	317,184	294,874

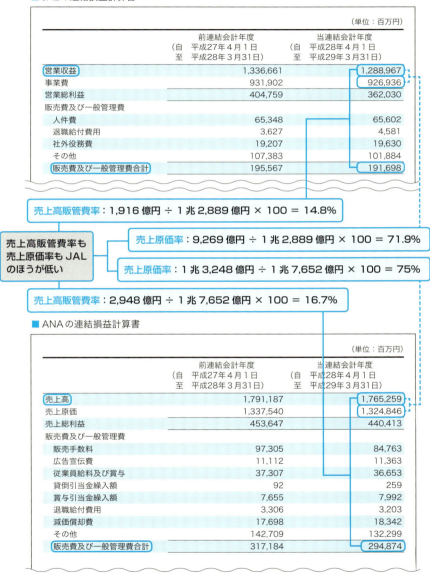

05

棚卸資産回転日数

在庫の量は増えていないか？

1 在庫の回転数で、稼ぐ力が見えてくる

「売上原価に対して、どれだけ棚卸資産、つまり在庫があるかを表す指標が、〝棚卸資産回転日数〟」です。

何日分の在庫があるかを表す「**棚卸資産回転日数**」という指標で見ることが多く、「月数」で見ることも少なくありません。

棚卸資産回転日数も、同業他社と比較すると、その企業の特長が見えてきます。

たとえば、ニトリと大塚家具の損益計算書を比較すると（次頁・次々頁参照）、売上原価率はどちらもほとんど一緒で、

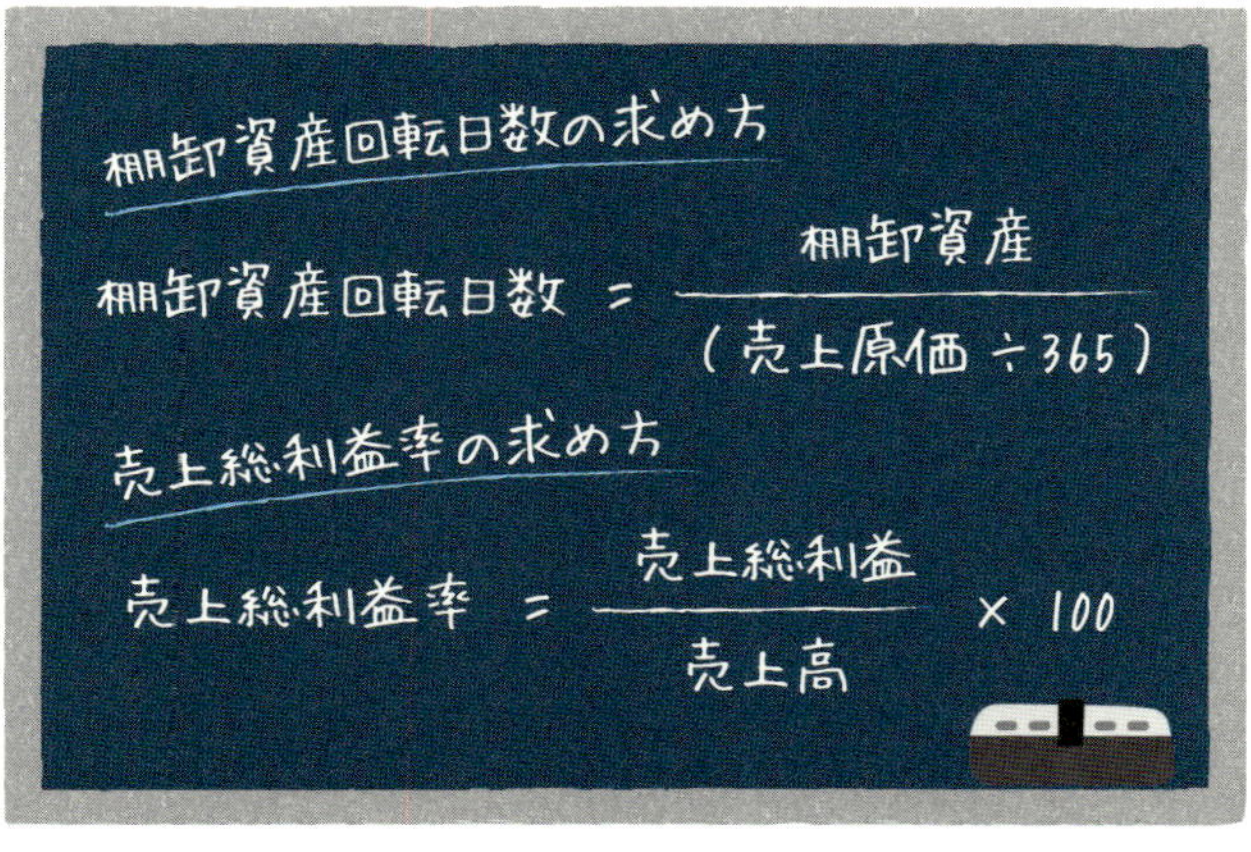

棚卸資産回転日数の求め方
棚卸資産回転日数 ＝ 棚卸資産 ／（売上原価 ÷ 365）
売上総利益率の求め方
売上総利益率 ＝ 売上総利益 ／ 売上高 × 100

売上総利益率（粗利率）はどちらも50数％くらいです。

しかし、棚卸資産回転日数を見ると、ニトリが72・4日くらいなのに対して、大塚家具は242・7日くらいあります。

同じ売上総利益率で在庫の回転が約3倍以上も差があったら、営業利益の金額は大きく違ってしまいます。ニトリのほうが稼ぐ力があるといえるでしょう。

● ニトリの「連結損益計算書」と「連結貸借対照表」から「棚卸資産回転日数」を見る

■ ニトリの連結損益計算書

（単位：百万円）

	前連結会計年度（自 平成27年2月21日 至 平成28年2月20日）	当連結会計年度（自 平成28年2月21日 至 平成29年2月20日）
売上高	458,140	512,958
売上原価	214,597	234,684
売上総利益	243,543	278,274

売上総利益率：2,782 億円 ÷ 5,129 億円 × 100 ＝ 54.2%

売上原価率：2,346 億 ÷ 5,129 億円 × 100 ＝ 45.8%

棚卸資産回転日数：465 億円 ÷（2,346 億円 ÷ 365）＝ 72.4 日

■ ニトリの連結貸借対照表

（単位：百万円）

	前連結会計年度（平成28年2月20日）	当連結会計年度（平成29年2月20日）
資産の部	458,140	512,958
流動資産	214,597	234,684
現金及び預金	42,327	70,560
受取手形及び売掛金	15,258	18,486
商品及び製品	43,079	46,520
仕掛品	90	92

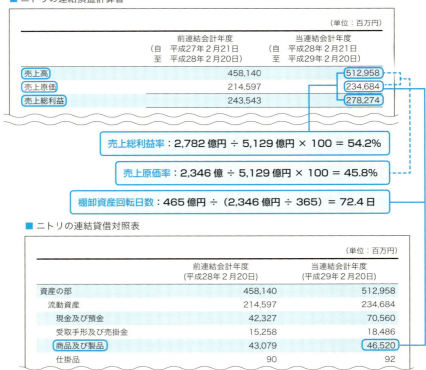

大塚家具の「損益計算書」と「貸借対照表」から「棚卸資産回転日数」を見る

■ 大塚家具の損益計算書

（単位：千円）

	前事業年度（自 平成27年1月1日 至 平成28年12月31日）	当事業年度（自 平成28年1月1日 至 平成29年12月31日）
売上高		
商品売上高	57,945,691	46,241,012
不動産賃貸収入	59,025	66,834
売上高合計	58,004,717	46,307,846
売上原価		
商品売上原価		
商品期首たな卸高	15,009,581	14,035,032
当期商品仕入高	26,256,354	21,904,449
合計	41,265,935	35,939,482
他勘定振替高	75,044	72,131
商品期末たな卸高	14,035,032	14,302,114
商品売上原価	27,155,859	21,565,236
不動産賃貸原価	18,432	21,853
売上原価合計	27,174,291	21,587,089
売上総利益	30,830,426	24,720,756
販売費及び一般管理費	30,392,876	29,318,318

売上総利益率、売上原価率は、ニトリも大塚家具も似たような数字だが、棚卸資産回転日数だけが大きく違うのが分かる

売上総利益率：247億÷462億円×100＝53.4％

売上原価率：215億÷462億円×100＝46.6％

棚卸資産回転日数：143億円÷（215億÷365）＝242.7日

■ 大塚家具の貸借対照表

（単位：千円）

	前事業年度（平成27年12月31日）	当事業年度（平成28年12月31日）
資産の部		
流動資産		
現金及び預金	10,971,827	3,853,798
受取手形	98,588	30,204
売掛金	2,932,681	2,496,392
商品	14,035,032	14,302,114

06 本業でしっかり稼げているか？

売上高営業利益率

1 効率のいい経営ができているか見えてくる

「**売上高に対して、どれだけ営業利益を出せているかを表す指標が、〝売上高営業利益率〟**」です。営業利益は、本業で稼いだ利益ですから、「**売上高営業利益率は、その企業がどれだけ本業で稼げているのかを表す指標**」だといえます。

この売上高営業利益率も、同業他社と比較するとその企業の特長が見えてきます。

たとえば、セブン＆アイ・ホールディングスの決算短信の最後に「**ご参考**」として、イトーヨーカ堂とセブン‐イレブンの貸借対照表と損益計算書が掲載されています。

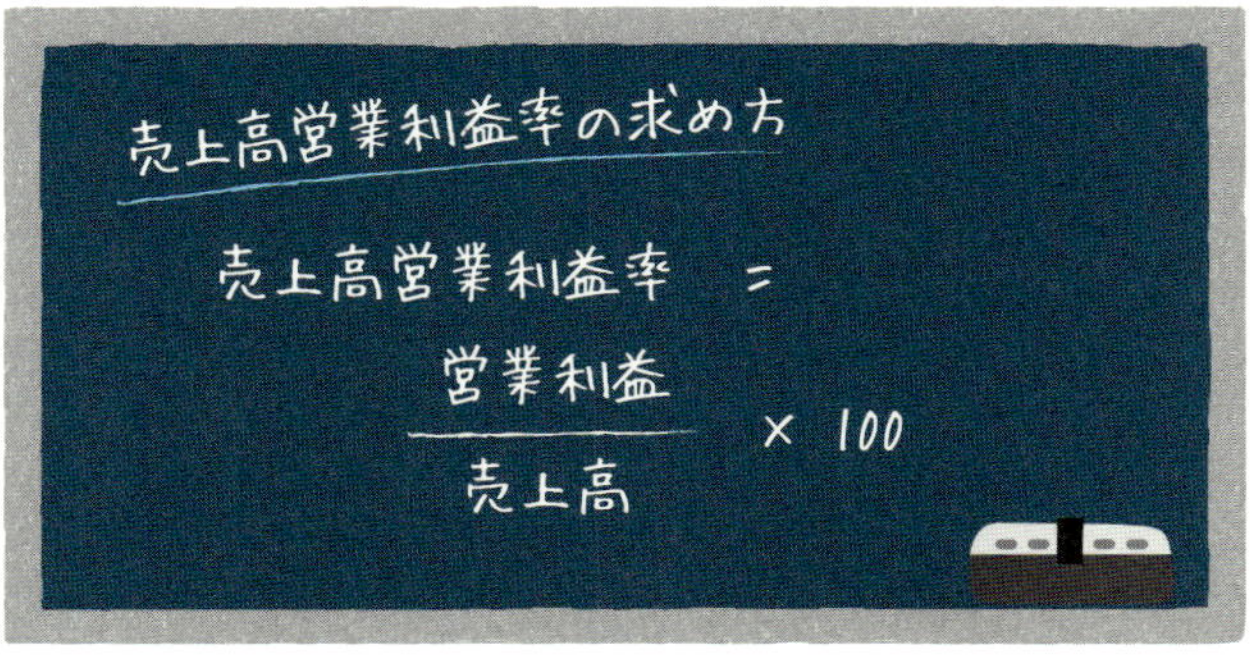
売上高営業利益率の求め方
売上高営業利益率 ＝
営業利益
売上高
× 100

売上高営業利益率を計算して比較してみると、イトーヨーカ堂とセブン-イレブンの売上高営業利益率は、何千倍も違います。セブン-イレブンのほうが、イトーヨーカ堂よりもはるかに効率よく稼いでいるのです（次頁参照）。

「売上高営業利益率が高いということは、それだけ本業で稼げている、つまり、効率のいい経営ができている」ということです。

逆に、**「売上高営業利益率が低い会社は、商社など一部例外はありますが、コストパフォーマンスが悪く、ムダが多い」**ということです。

● イトーヨーカ堂とセブン-イレブンの「損益計算書」から「売上高営業利益率」を見る

■ イトーヨーカ堂の損益計算書

（単位：百万円）

科目＼期別	前事業年度（自 平成27年3月1日 至 平成28年2月29日）	当事業年度（自 平成28年3月1日 至 平成29年2月28日）
	金額	金額
[営業収益]	[1,289,586]	[1,255,017]
I 売上高	1,255,608	1,219,252
II 売上原価	969,187	938,084
売上総利益	**286,421**	**286,421**
III 営業収入	33,978	35,765
不動産賃貸収入	26,903	28,402
その他の営業収入	7,074	7,362
営業総利益	**320,399**	**316,932**
IV 販売費及び一般管理費	[illegible]	316,879
宣伝[illegible]	[illegible]	19,389
従業[illegible]	[illegible]	108,794
地代家賃	61,175	61,687
減価償却費	13,125	13,654
その他	115,897	113,353
営業利益（△喪失）	**△13,980**	**52**

5,200万円 ÷ 1兆2,192億円 × 100 ＝ 0.004%

売上高営業利益率が何千倍も違う

■ セブン-イレブンの損益計算書

（単位：百万円）

科目＼期別	前事業年度（自 平成27年3月1日 至 平成28年2月29日）	当事業年度（自 平成28年3月1日 至 平成29年2月28日）
	金額	金額
[営業総収入]	[793,661]	[833,743]
I 営業収入	686,477	728,939
加盟店からの収入	680,413	723,021
その他の営業収入	6,063	5,918
II 売上高	107,184	104,803
III 売上原価	77,266	75,342
営業総利益	**716,395**	**758,400**
IV 販売費及び一般管理費	481,362	514,907
[illegible]	[illegible]	154,863
[illegible]	[illegible]	69,002
減価償却費	46,591	52,767
支払手数料	42,498	46,602
給与手当	42,963	45,759
その他	142,961	145,912
営業利益	**235,033**	**243,493**

2,434億円 ÷（7,289億円＋1,048億円）× 100 ＝ 29.1%

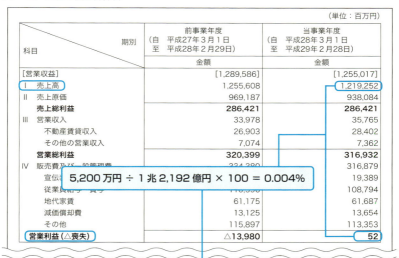

ここまで、時おり実際の決算書を交えながら、「損益計算書」「貸借対照表」「キャッシュ・フロー計算書」のポイントをひととおり見てきました。

5時限目からは、企業1社1社の決算書をもっと掘り下げて、見るべきポイントをお話ししていきます。

5時限目
企業の決算書を実際に見てみよう

ここからは、実際に企業1社1社の決算書を見ていきましょう。
見るべきポイントは業界によって違うので、まずは感覚をつかんでください。

01

NTTドコモ

話題性は低いが、実は好業績企業なのはなぜか

1 企業の決算書の探し方

日本の有名な大企業の決算書を実際に見てみましょう。

企業の決算書は、上場企業であれば、インターネットで「社名　決算書」で検索すればすぐに見つけることができます。たとえば、「NTTドコモ　決算書」で検索すると、NTTドコモの「決算短信」のページ「決算短信－企業情報－NTTドコモ」（**www.nttdocomo.co.jp/corporate/ir/library/earnings/**）をすぐに見つけることができます。

「**決算短信は、決算内容の要点をまとめた書類**」のことです。企業によって詳しさなどに多少の違いはありますが、これまでお話ししてきた基本的な決算内容は決算短信を見れば分かります。

上場企業では四半期ごとに開示されています。

それでは、NTTドコモの決算書を実際に見ていきましょう。

2 決算短信 まずは「決算月」「会計基準」を確認する

1枚目の「**平成29年3月期**」は、決算の時期を表しています。NTTドコモは3月決算ですね。3月決算の企業が多いですが、12月決算など、別の決算月の企業もあります。

「**米国基準**」とあるのは、決算書の会計基準が米国基準であることを示しています。米国基準以外に、「**日本基準**」と「**IFRS**《あいふぁーす》」があります。日本基準は日本の会計基準に則った決算書であることを、IFRSは国際会計基準に則った決算書であることを示しています。どの会計基準を採用するかは、企業が決めることができます。

3 決算短信 決算の概要から見ていく

1枚目の上から「**(1) 連結経営成績**」として、「**営業収益**」「**営業利益**」などが、当期と前期の2期分掲載されています。平成29年3月期の営業収益は、4兆5845億5200万円で、前期より1・3%増えています。営業利益は、9447億3800万円。もうすぐ

● NTTドコモの「決算短信」の「連結経営成績」を見る

平成29年3月期　決算短信 [米国基準] (連結)

1. 平成29年3月期の連結業績（平成28年4月1日～平成29年3月31日）

(1) 連結経営成績　(%表示は対前期増減率)

	営業収益		営業利益		法人税等及び持分法による投資損益（△損失）前利益		当社に帰属する当期純利益	
	百万円	%	百万円	%	百万円	%	百万円	%
29年3月期	4,584,552	1.3	944,738	20.7	949,563	22.0	652,538	19.0
28年3月期	4,527,084	3.3	783,024	22.5	778,021	20.8	548,378	33.7

(注) 当社に帰属する包括利益　29年3月期 662,281百万円 (29.7%)　28年3月期 510,667百万円 (12.7%)

当期と前期の２年分載っている

業績が好調なのが分かる

1兆円ですね。「**前年より20・7%増え、前期も22・5%増えているので業績は好調**」だといえるでしょう。

4

決算短信　連結貸借対照表　連結キャッシュ・フロー計算書

決算短信の数字を読み解く

決算短信の「**(2) 連結財政状態**」の「**総資産**」を見ると（下図参照）、7兆円を超える資産があることが分かります。どんな資産を持っているのかは、「**5 連結財務諸表**」にある「**(1) 連結貸借対照表**」の「**資産の部**」を見れば分かります（166頁図❷参照）。「**有形固定資産**」の1番上に「**無線通信設備**」という勘定科目があり、これが5兆円超です（❸）。日本全国にある携帯電話の設備が資産の大半ということです。減価償却後でこの金額ですから、初期投資はもっと多かったということになります。

さらに「**5 連結財務諸表**」にある「**(4) 連結キャッシュ・フロー計算書**」の「**投資活動によるキャッシュ・フロー**」を見ると（168頁参照）、「**有形固定資産の取得による支出**」が約450

● NTTドコモの「決算短信」「連結貸借対照表」「連結キャッシュ・フロー計算書」から好業績を読み取る

■ 決算短信

(2) 連結財政状態

	総資産	資本合計（純資産）	株主資本	株主資本比率	1株当たり株主資本
	百万円	百万円	百万円	%	円　銭
29年3月期	7,453,074	5,561,146	5,530,629	74.2	1,492.91
28年3月期	7,214,114	5,343,105	5,302,248	73.5	1,409.94

❶どのくらい資産を持っているか分かる

❽安全性が非常に高いのが分かる

0億円、**「無形固定資産及びその他の資産の取得による支出」**が約2000億円、あわせて約6500億円、前期も約6000億円ですから、**「通信事業というのは、毎年これだけ多額の投資が必要な事業」**だということが分かります（❹）。

再び**「連結貸借対照表」**に戻って「負債の部」を見ると（167頁参照）、**「流動負債」**の**「1年以内返済予定長期借入債務」**と**「短期借入金」**をあわせて約618億円、**「固定負債」**の**「長期借入債務」**が約1600億円です。毎年約6000億円の投資を行っているわりには、借金は少ないといえます（❺）。

その理由は、キャッシュ・フロー計算書を見れば分かります（168頁参照）。**「営業活動によるキャッシュ・フロー」**の総額がなんと1兆3124億1800万円（❻）。**「これだけ稼ぐ力がある」**のです。通信事業は、多額の設備投資を必要としますが、その一方でお客さまが増えてもほとんどコスト（変動費）は増えません。だからユーザー獲得競争が激しく、あの手この手のサービス競争、価格競争になるのです。

また**「連結貸借対照表」**の「資産の部」を見ると（次頁下図参照）、**「流動資産」**の**「現金及び現金同等物」**と**「短期投資」**をあわせて約6000億円、**「投資その他の資産」**の**「市場性のある有価証券及びその他の資産」**が約2000億円あります（❼）。流動性の高い資産がこれだけあるということなので、**「事実上は無借金」**です。

決算短信に戻って（前頁下図参照）、「**⑵ 連結財政状態**」にある**「株主資本比率（＝自己資本比率）」**を見ると（❽）、約74％ととても高いので、**「安全性が非常に高い」**ことが分かります。

そして、「**連結貸借対照表**」の「資本の部」を見ると（次頁参照）、「**利益剰余金**」が4兆6561億3900万円もあります（❾）。これは会計上の利益の蓄積ですから、「**これまでいかに稼いできたか**」ということです。

「**NTTドコモは、ソフトバンクに比べると最近あまり話題になりませんが、財務内容が抜群にいい、好業績企業**」なのです。

■ 連結貸借対照表／資産の部

（1）連結貸借対照表　　（単位：百万円）

区分	前連結会計年度末 (2016年3月31日) 金額	当連結会計年度末 (2017年3月31日) 金額	増減(△) 金額
(資　　産)			
流動資産			
現金及び現金同等物	[illegible]	289,610	△64,827
短期投資	[illegible]	301,070	295,198
売上債権	237,040	239,137	2,097
[illegible]	972,851	936,748	△36,103
[illegible]	276,492	347,557	71,065
[illegible]	381,096	398,842	17,746
貸倒引当金	△17,427	△19,517	△2,090
棚卸資産	[illegible]	3,388	△488
繰延税金資産	[illegible]	1,025	△26,033
前払費用及びその他の流動資産	[illegible]	8,412	△486
流動資産合計	2,580,193	2,836,272	256,079
有形固定資産			
無線通信設備	5,084,416	5,084,923	507
建物及び構築物	896,815	906,177	9,362
工具、器具及び備品	468,800	441	[illegible]
土地	199,054	198	[illegible]
建設仮勘定	190,261	204	[illegible]
減価償却累計額	△4,398,970	△4,295,	[illegible]
有形固定資産合計（純額）	2,440,376	2,540,895	100,519
投資その他の資産			
関連会社投資	411,395	373,758	△37,637
市場性のある有価証券及びその他の投資	[illegible]	198,650	15,745
無形固定資産（純額）	615,013	608,776	△6,237
営業権	243,695	230,971	△12,724
その他の資産	479,103	434,312	△44,791

約6,000億円

約2,000億円

❷どんな資産を持っているかが分かる

❼すぐにお金に替えられる資産がこれだけあるので、事実上の無借金

❸日本全国にある携帯電話の設備が資産の大半であることが分かる

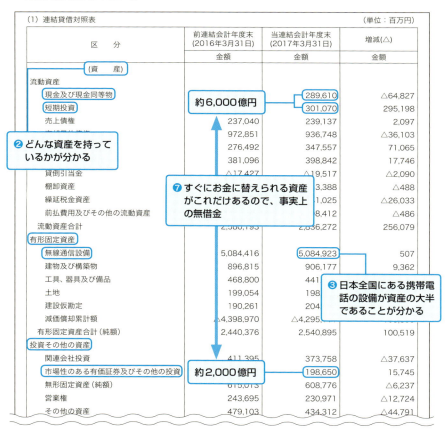

■ 連結貸借対照表／負債・資本の部

（単位：百万円）

区　分	前連結会計年度末 (2016年3月31日) 金額	当連結会計年度末 (2017年3月31日) 金額	増減(△) 金額
（負債・資本）			
流動負債			
1年以内返済予定長期借入債務	200	60,217	60,017
短期借入金	1,764	1,623	△141
仕入債務	793,084	853,538	60,454
未払人件費	53,837	59,187	5,350
未払法人税等	165,332	105,997	△59,335
その他の流動負債	205,602	194,494	△11,108
流動負債合計	1,219,819	1,275,056	55,237
固定負債			
長期借入債務	220,200	160,040	△60,160
ポイントプログラム引当金	75,182	94,639	19,457
退職給付に係る負債	201,604	193,985	△7,619
その他の固定負債	137,983	145,266	7,283
固定負債合計	634,969	593,930	△41,039
負債合計	1,854,788	1,868,986	14,198
償還可能非支配持分	16,221	22,942	6,721
資本			
株主資本			
資本金	949,680	949,680	−
資本剰余金	330,482	326,621	△3,861
利益剰余金	4,413,030	4,656,139	243,109
その他の包括利益（△損失）累積額	14,888	24,631	9,743
自己株式	△405,832	△426,442	△20,610
株主資本合計	5,302,248	5,530,629	228,381
非支配持分	40,857	30,517	△10,340
資本合計	5,343,105	5,561,146	218,041
負債・資本合計	7,214,114	7,453,074	238,960

約618億円

❺毎年約6,000億円の投資を行っているわりに借金が少ないことが分かる

1,600億円

❾これまでいかに稼いできたかが分かる

■ 連結キャッシュ・フロー計算書

（4）連結キャッシュ・フロー計算書　　　　　　　　　　　　　（単位：百万円）

区　分	前連結会計年度（2015年4月1日から2016年3月31日まで）金額	当連結会計年度（2016年4月1日から2017年3月31日まで）金額
営業活動によるキャッシュ・フロー：		
当期純利益	561,242	650,611
当期純利益から営業活動によるキャッシュ・フローへの調整：	354,437	289,610
減価償却費	625,934	452,341
繰延税額	△55,530	49,507
有形固定資産売却・除却損	36,535	54,160
棚卸資産評価損	18,880	11,043
減損損失	17,683	12,205
市場性のある有価証券及びその他の投資の評価損	636	2,305
連結子会社売却損益(△利益)	13,117	−
持分法による投資損益(△利益)	5,060	11,273
関連会社からの受取配当金13,929	10,401	108,412
資産及び負債の増減：	2,580,193	2,836,272
売上債権の増減額(増加：△)	22,406	△2,690
売却目的債権の増減額(増加：△)	△74,852	36,103
クレジット未収債権の増減額(増加：△)	△22,551	△34,410
未収入金の増減額(増加：△)	△46,331	△17,735
貸倒引当金の増減額(減少：△)	3,884	7,240
棚卸資産の増減額(増加：△)	13,125	△10,565
前払費用及びその他の流動資産の増減額(増加：△)	△4,966	△767
長期売却目的債権の増減額(増加：△)	△13,601	57,626
仕入債務の増減額(減少：△)	△32,544	58,680
未払法人税等の増減額(減少：△)	97,176	[illegible]
その他の流動負債の増減額(減少：△)	31,638	[illegible]
ポイントプログラム引当金の増減額(減少：△)	△14,747	[illegible]
退職給付に係る負債の増減額(減少：△)	27,752	[illegible]
その他の固定負債の増減額(減少：△)	11,488	9,804
その他	△26,232	14,652
営業活動によるキャッシュ・フロー	1,209,131	1,312,418
投資活動によるキャッシュ・フロー：		
有形固定資産の取得による支出	△434,919	△450,826
無形固定資産及びその他の資産の取得による支出	△179,010	△192,625
長期投資による支出	△3,465	△2,155
長期投資の売却による収入	9,345	6,452
短期投資による支出	△9,523	△156,779
短期投資の償還による収入	4,659	121,572
関連当事者への長期預け金償還による収入	240,000	−
関連当事者への短期預け金預入れによる支出	−	△380,000
関連当事者への短期預け金償還による収入ー	120,000	
その他	△2,338	△8,733
投資活動によるキャッシュ・フロー	△375,251	△943,094
財務活動によるキャッシュ・フロー：		
短期借入金の増加による収入	146,880	25,094
短期借入金の返済による支出	△147,022	△25,214
キャピタル・リース負債の返済による支出	△1,389	△1,167
自己株式の取得による支出	△307,486	△149,607
現金配当金の支払額	△271,643	△280,527
非支配持分への現金配当金の支払額	△2,390	△3,500
その他	△558	1,824
財務活動によるキャッシュ・フロー	△583,608	△433,097
現金及び現金同等物に係る換算差額	△1,388	△1,054
現金及び現金同等物の増減額(減少：△)	248,884	△64,827
現金及び現金同等物の期首残高	105,553	354,437
現金及び現金同等物の期末残高	354,437	289,610

❻これだけ稼ぐ力があるので借金は少なくすむ

❹毎年、多額な支出があることが分かる

02 ヤマトホールディングス 未払い残業代の支払いは業績にどう影響するのか

1 決算短信 営業利益が半減しても安全かどうか読み解く

決算短信の「(1) **連結経営成績**」を見てまず気づくのは（次頁上図参照）、営業収益が3・6％増えているにもかかわらず、営業利益がマイナス49・1％と半減している点です（❶）。

これは、ニュースで大きく取りあげられたので覚えている人もいると思いますが、人手不足などで人件費が上がっていることが原因です。また、残業代の未払い問題も発覚しましたが、その改善に取り組んでいることもあります。「**連結損益計算書**」の「**営業原価**」を見ると（次頁下図参照）、1兆3854億9200万円と、前年より約800億円も増えています（❷）。セールスドライバーの人件費は、営業原価に含まれるので、これが原因のひとつであることが分かります。

ちなみに「**販売費及び一般管理費**」の「**人件費**」は（次頁下図参照）、本部など主に管理部門や全社のプロモーションなどに関わる人件費です。こちらも、15億円以上増えています（❸）。

● ヤマトの「決算短信」「連結損益計算書」から利益半減の理由を読み取る

■ 決算短信

1. 平成29年3月期の連結業績（平成28年4月1日～平成29年3月31日）

(1) 連結経営成績　（%表示は対前期増減率）

	営業収益		営業利益		経常利益		親会社株主に帰属する当期純利益	
	百万円	%	百万円	%	百万円	%	百万円	%
29年3月期	1,466,852	3.6	34,885	△49.1	34,884	△49.8	18,053	△54.2
28年3月期	1,416,413	1.4	68,540	△0.6	69,426	△2.1	39,424	5.0

（注）包括利益　29年3月期　22,916百万円（△6.4%）　28年3月期　24,482百万円（△47.1%）

❶営業収益が増えているのに、営業利益は大きく減っている

(2) 連結財政状態

	総資産	純資産	自己資本比率	親1株当たり純資産
	百万円	百万円	百万円	百万円
29年3月期	1,114,672	545,559	48.4	1,367.51
28年3月期	1,089,436	543,855	49.4	1,349.56

（参考）自己資本　29年3月期　539,179百万円　28年3月期　537,821百万円

❹50%近くあるので、安全性に問題はない

■ 連結損益計算書

❷前年より800億円増えているセールスドライバーの人件費は、営業原価に入る

（単位：百万円）

	前連結会計年度（自 平成27年4月1日 至 平成28年3月31日）	当連結会計年度（自 平成28年4月1日 至 平成29年3月31日）
営業収益	1,416,413	1,466,852
営業原価	1,306,200	1,385,492
営業総利益	110,212	81,359
販売費及び一般管理費		
人件費	22,912	24,543
賞与引当金繰入額	884	999
退職給付費用	1,061	1,390
支払手数料	4,586	4,168
租税公課	5,632	8,315
貸倒引当金繰入額	201	709
減価償却費	2,125	2,120
その他	6,213	6,616
販売費及び一般管理費合計	41,672	46,474
営業利益	68,540	34,885
営業外収益		
受取利息	138	155
受取配当金	694	691
車両売却益	425	249

❸前年より15億円増えている。本部や管理部門の人件費

決算短信に戻って、「**(2) 連結財政状態**」の「**自己資本比率**」を見ると（前頁上図参照）、50％弱あるので、安全性という点ではまったく問題のないことが分かります（**4**）。

2 宅配便の値上げは営業収益にどう跳ね返ってくるのか

ヤマトのライバル企業である佐川急便は、2013年が宅配便の取扱個数のピークで約13億個でした。その後、約11億個まで減って、現在は約12億個です。

ヤマトは、そのころから取扱個数が増え続け、現在は約18億個まで増えています。この理由のひとつは、アマゾンです。佐川はアマゾンとの取引をやめたことで取扱個数が減り、その分ヤマトが増えました。

佐川は、アマゾンとの取引をやめてから宅配便の平均単価が上がりました。つまり、アマゾンの単価がかなり安かったということです。

ヤマトは、取扱個数の増加に対応するために投資を行い、全国3カ所に大型の物流拠点をつくりました。しかし、物流量の急激な増加のために、セールスドライバーなどの残業が増えたのでしょう。取扱個数の増加のしわ寄せが現場にいってしまったといえます。

そこで、未払いだった残業代を全額支払うとともに、宅配便の値上げを決めました。値上げや今後の人件費の増加によって取扱個数が減るのか、営業収益が増えるのか減るのか、平成30年3月期の決算が注目です。

03

東海旅客鉄道（JR東海）
莫大な費用をかけてもリニア新幹線へ動き出せるのはなぜか

1 決算短信 すごい売上高営業利益率から稼ぐ力を読み解く

決算短信の「(1) **連結経営成績**」を見ると（次頁上図参照）、「**売上高**」は1兆7569億8000万円で、1・1％増、前年も4％増でしたから、「**安定的に成長している**」ことが分かります（❶）。

すごいのは、「**売上高営業利益率**」です。「**営業利益**」が6195億6400万円ということは、「**売上高営業利益率**」が約35％もあります（❷）。この数字がどれほどすごいかを理解するために、JR東日本と比べてみましょう（次頁下図参照）。

JR東日本の売上高は、2兆8808億2000万円とJR東海より1兆円以上多いにもかかわらず、営業利益は、4663億9000万円と1500億円以上少ないため、JR東日本の営業利益率は、一般的な企業と比べれば高いですが、約16％です（❸）。

● 東海旅客鉄道と東日本旅客鉄道の「決算短信」から本業で稼ぐ力を読み取る

■ 東海旅客鉄道の「決算短信」

1. 平成29年3月期の連結業績（平成28年4月1日～平成29年3月31日）

（1）連結経営成績 （%表示は対前期増減率）

	売上高		営業利益		経常利益		親会社株主に帰属する当期純利益	
	百万円	%	百万円	%	百万円	%	百万円	%
29年3月期	1,756,980	1.1	619,564	[illegible]	[illegible]	[illegible]	[illegible]	[illegible]
28年3月期	1,738,409	4.0	578,677	[illegible]	[illegible]	[illegible]	[illegible]	[illegible]

（注）包括利益 29年3月期 399,856百万円（28.0%）[illegible]

	1株当たり当期純利益	潜在株式調整後1株当たり当期純利益	自己資本当期純利益率	総資産経常利益率	売上高営業利益率
	円 銭	円 銭	%	%	%
29年3月期	1,996.52	―	15.7	9.2	35.3
28年3月期	1,714.64	―	15.6	9.8	33.3

（参考）持分法投資損益 29年3月期 363百万円 28年3月期 560百万円

❶安定的に成長しているのが分かる

❷6,195億6,400万円÷1兆7,569億8,000万円×100＝35.3%

■ 東日本旅客鉄道の「決算短信」

1. 平成29年3月期の連結業績（平成28年4月1日～平成29年3月31日）

（1）連結経営成績 （%表示は対前期増減率）

	売上高		営業利益		経常利益		親会社株主に帰属する当期純利益	
	百万円	%	百万円	%	百万円	%	百万円	%
29年3月期	2,880,802	0.5	466,309	[illegible]	[illegible]	[illegible]	[illegible]	[illegible]
28年3月期	2,867,199	4.0	487,821	[illegible]	[illegible]	[illegible]	[illegible]	[illegible]

（注）包括利益 29年3月期 293,470百万円（35.0%）[illegible]

	1株当たり当期純利益	潜在株式調整後1株当たり当期純利益	自己資本当期純利益率	総資産経常利益率	売上高営業利益率
	円 銭	円 銭	%	%	%
29年3月期	713.96	―	10.9	5.3	16.3
28年3月期	625.82	―	10.4	5.6	17.0

（参考）持分法投資損益 29年3月期 2,056百万円 28年3月期 2,565百万円

❸4,663億900万円÷2兆8,808億200万円×100＝16.2%

JR東海は、JR東日本の2倍以上の稼ぐ力がある

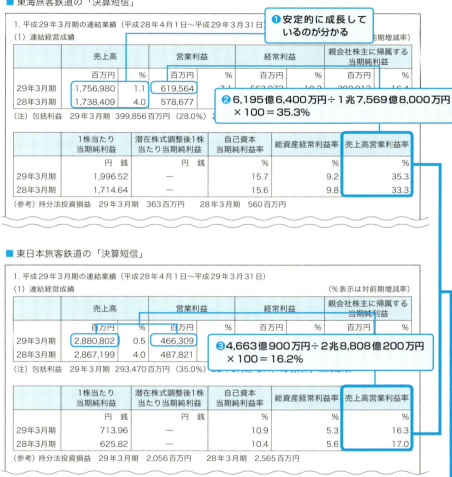

「JR東海は、JR東日本より、本業で稼ぐ力が2倍以上ある」ということです。

そして注目してほしいのが、決算短信の「**⑵連結財政状態**」の「**総資産**」です（次頁上図参照）。JR東海では前年5兆2685億4400万円だったのが、7兆5526億7500万円と約2兆円も増えています（❹）。

そして「**自己資本比率**」が44％から38・2％へと大幅に下がっています（❺）。

では、約2兆円も何の資産が増えたのでしょうか。

「**連結貸借対照表**」の資産の部を見ると（次頁下図参照）、「**中央新幹線建設資金管理信託**」として、1兆4727億4100万円が計上されています。負債の部には、「**中央新幹線建設長期借入金**」として、1兆5000億円が計上されています。

リニア新幹線をつくるために、1兆5000億円ものお金を借り、それによって資産が膨らんだということです（❻）。

リニア新幹線は、東京・名古屋間だけでも総工費は約5兆5000億円、大阪まで延伸した場合には9兆円かかるといわれています。そのための第一歩として、1兆5000億円を借り入れたのでしょう。多額の利益や営業キャッシュ・フローを稼ぐものの、これからさらに借入金が増えることも考えられ、それにしたがって自己資本比率が下がる可能性もあります。

東海旅客鉄道の「連結貸借対照表」から急激な資産の増加を読み取る

■ 決算短信

（2）連結財政状態

	総資産	純資産	自己資本比率	1株当たり純資産
	百万円	百万円	百万円	百万円
29年3月期	7,052,675	2,726,729	38.2	13,681.22
28年3月期	5,268,544	2,352,566	44.0	11,770.36

（参考）自己資本　29年3月期　2,692,451百万円　　28年3月期　2,316,397百万円

❹ 2兆円増えている

❺ 大幅に下がっている

■ 連結貸借対照表

（単位：百万円）

	前連結会計年度 (平成28年３月31日)	当連結会計年度 (平成29年３月31日)
資産の部		
流動資産		
現金及び預金	164,871	246,483
中央新幹線建設資金管理信託	－	1,472,741
受取手形及び売掛金	47,931	54,293
未収運賃	37,593	40,482
有価証券	183,000	304,300
たな卸資産	38,214	36,706
繰延		
短期		
その		
貸倒		
流動		

（単位：百万円）

	前連結会計年度 (平成28年３月31日)	当連結会計年度 (平成29年３月31日)
負債の部		
流動負債		
支払手形及び買掛金	67,938	
短期借入金	24,800	
1年内返済予定の長期借入金	112,236	
1年内に支払う鉄道施設購入長期未払金	77,665	4,824
未払金	111,573	126,654
未払法人税等	105,953	86,788
前受金	51,321	55,136
預り金	15,590	16,902
賞与引当金	27,991	28,074
その他	44,196	36,692
流動負債合計	639,269	555,352
固定負債		
社債	646,126	724,250
長期借入金	555,164	516,781
中央新幹線建設長期借入金	－	1,500,000

❻ 1兆5,000億円借りたので、資産が膨らんだ

2 連結キャッシュ・フロー計算書 どの事業が稼いでいるのか読み解く

「**連結キャッシュ・フロー計算書**」の「**営業活動によるキャッシュ・フロー**」を見ると（次頁上図参照）、毎年約6000億円を稼ぎ出しています（**7**）。これだけの収益力があるから、何兆円ものお金を借りることができ、リニア新幹線の莫大な総工費をまかなうことができるのです。

ＪＲ東海の決算短信には、最後に「**セグメント情報**」があります（次頁下図参照）。「**セグメント情報というのは、事業ごとの売上高などの情報**」です。「**セグメント利益又は損失**」を見ると、利益のほとんどを運輸業が稼いでいます（**8**）。

そして、ここには書かれていませんが、そうした「**多くの利益を稼いでいるのが東海道新幹線**」です。在来線は赤字なので、その赤字を補ってなお、これだけの利益を出しているのが東海道新幹線なのです。いかに稼いでいるかが分かるでしょう。

3 稼ぎすぎではないかと思うくらい稼いでいるからこそできる壮大な投資

経営者や投資家から見れば、これは素晴らしいことですが、東海道新幹線に乗るお客さまからすると「稼ぎすぎではないか？」と思うのも無理からぬこと。東海道新幹線の料金が高いために、飛行機の料金も高い。東海道新幹線の料金が下がれば、競争の原理が働いて飛行機の料金も下が

東海旅客鉄道の「連結キャッシュ・フロー計算書」と「セグメント情報」から何が稼いでいるかを読み取る

■ 連結キャッシュ・フロー計算書

（単位：百万円）

	前連結会計年度 （自　平成27年4月1日 至　平成28年3月31日）	当連結会計年度 （自　平成28年4月1日 至　平成29年3月31日）
営業活動によるキャッシュ・フロー		
税金等調整前当期純利益	508,101	560,029
減価償却費	242,369	225,386
新幹線鉄道大規模改修引当金の増減額（△は減少）	△35,000	△35,000
退職給付に係る負債の増減額（△は減少）	1,657	764
受取利息及び受取配当金	△2,790	△2,030
支払利息	65,533	60,285
持分法による投資損益（△は益）	△560	△363
工事負担金等受入額	△3,944	△2,641
固定資産圧縮損	4,244	2,566
固定資産除却損	8,769	13,433
固定資産売却損益（△は益）	△1,322	△341
売上債権の増減額（△は増加）	5,743	
たな卸資産の増減額（△は増加）	1,421	
仕入債務の増減額（△は減少）	△1,775	
未払金の増減額（△は減少）	3,099	
前受金の増減額（△は減少）	1,644	[illegible]
その他	477	△4,496
小計	797,670	821,103
利息及び配当金の受取額	2,581	1,837
利息の支払額	△65,636	△58,812
法人税等の支払額	△133,119	△183,562
営業活動によるキャッシュ・フロー	601,495	580,565

❼ 6,000億円もの収益力があるので、何兆円ものお金を借りることができる

■ セグメント情報（平成27年4月1日～平成28年3月31日）

（単位：百万円）

	運輸業	流通業	不動産業	その他	計	調整額	連結財務諸表計上額
売上高							
外部顧客への売上高	1,316,347	230,670	38,618	122,774	1,738,409	−	1,738,409
セグメント間の内部売上高又は振替高	11,815	9,025	27,471	120,252	168,564	△168,564	−
計	1,358,162	239,695	66,089	243,026	1,906,974	△168,564	1,738,409
セグメント利益又は損失（△）	556,892	8,747	15,637	△1,722	579,554	△876	578,677
セグメント資産	4,648,963	105,259	342,344	212,356	5,308,923	△40,378	5,268,544
その他の項目							
減価償却費	222,474	3,481	12,477	3,936	242,369	−	242,369
持分法適用会社への投資額	8,705	−	−	−	8,705	−	8,705
有形固定資産及び無形固定資産の増加額	202,549	7,855	24,338	3,635	238,379	−	238,379

❽ 利益のほとんどは運輸業

るはずです。国民にとってどちらがいいかはいうまでもありません。

話が少しそれてしまったので戻すと、リニア新幹線には先に述べたような莫大な総工費がかかり、収益力が高いＪＲ東海であっても、その財務的負担は非常に重いものです。ですから、東京・名古屋間をまずつくっておいて、大阪まで延伸するのは、財務内容を回復するために、しばらく期間をあける計画でした。ところが、アベノミクスの成長戦略のひとつとして、リニア新幹線の大阪までの延伸が示されました。さすがに財務的に難しいため、名古屋・大阪間の資金を国が財政投融資で貸すことが同時に発表されたのは、こうした理由があったからです。

さらにつけ加えておくと、リニア新幹線の料金は現在の新幹線よりも７００円高いだけになるといわれています。なぜでしょうか。

理由はいくつか考えられます。まず既存の新幹線は、すでに償却が十分にすんでおり、逆にリニア新幹線では膨大な償却負担がかかるため、リニア新幹線に乗客を誘導し、少しでも稼ぎたいという思惑がありそうです。だから、あまり高い料金設定にしないのではないでしょうか。品川・名古屋間は、現在約1時間30分ですが、これが最速で約40分になるのですから、７００円高いだけならリニア新幹線を選ぶ人が大半でしょう。

04 三井物産 巨大商社という括りではなく、企業ごとの特徴を見る

1 決算短信 資源価格の変動が業績に大きく影響する

決算短信の「⑴ 連結経営成績」を見ると（次頁上図参照）、「**収益**」が4兆円を超えていますが、当期、前期ともに減っていることが分かります（❶）。「当期利益」を見ると、3261億5000万円ですが、前期はマイナス669億1400万円、つまり赤字でした（❷）。

これは、資源価格が急落した影響です。**「三井物産や三菱商事など、日本の巨大商社は、数多くの事業に投資を行う世界有数の投資会社であり、多数の会社を所有する会社のデパートでもある」**のですが、なかでも三井物産や三菱商事は、石油や石炭、鉱物などの資源への投資が多いため、資源価格の影響を受けやすいという特徴があります。逆に、伊藤忠商事は食品や衣料品に強く、資源への投資が少ないため、資源価格の影響をあまり受けません。

「⑺ **連結財務諸表に関する注記事項**」の「①**セグメント情報**」を見ると（次頁下図参照）、前期

三井物産の「決算短信」と「セグメント情報」から利益の揺れを読み取る

■ 決算短信

1. 平成29年3月期の連結業績（平成28年4月1日～平成29年3月31日）

（1）連結経営成績

（%表示は対前期増減率）

	収益		経常前利益		当期利益		親会社の所有者に帰属する当期利益		当期包括利益合計額	
	百万円	%	百万円	%	百万円	%	百万円	%	百万円	%
29年3月期	4,363,969	△8.3	460,791	—	326,150	—	306,136	—	525,157	—
28年3月期	4,759,694	△11.9	24,329	△94.4	△66,914	—	△83,410	—	△612,101	—

	基本的1株当期利…	…り	親会社所有者帰属持分当期利益率	資産合計税引前利益率
		銭	%	%
29年3月期		…1.10	8.6	4.1
28年3月期	△46.53	△46.54	△…	

（参考）持分法による投資損益　29年3月期　170,569百万円　　28年3月期　△132…

（2）連結財政状態

	資産合計	資本合計	親会社の所有者に帰属する持分	親会社所有者帰属持分比率	1株当たり親会社所有者帰属持分
	百万円	百万円	百万円	%	円　銭
29年3月期	11,501,013	3,990,162	3,732,179	32.5	2,115.80
28年3月期	10,910,511	3,666,536	3,379,725	31.0	1,885.47

❶4兆円を超えているが前期、後期とも減っている

❷前期の赤字は資源価格の急落の影響

❹数値的にはまずまずといったところ

■ セグメント情報

(7) 連結財務諸表に関する注記事項

①セグメント情報

前連結会計年度（自平成27年4月1日　至平成28年3月31日）

	鉄鋼製品	金属資源	機械・インフラ	化学品
収益	111,082	685,557	415,198	809,027
売上総利益	31,951	98,672	127,085	81,657
持分法による投資損益	4,842	△204,064	8,045	7,956
当期利益（損失）（親会社の所有者帰属）	6,328	△162,480	18,308	18,591
EBITDA	10,945	△93,802	29,239	32,508
前連結会計年度末現在の総資産	392,174	1,591,364	2,009,812	756,997

当連結会計年度（自平成28年4月1日　至29年3月31日）

	鉄鋼製品	金属資源	機械・インフラ	化学品
収益	91,622	733,326	394,383	749,419
売上総利益	31,338	173,603	110,929	82,566
持分法による投資損益	3,997	△1,813	56,918	6,384
当期利益（損失）（親会社の所有者帰属）	6,850	138,039	62,121	15,542
EBITDA	9,544	173,614	72,711	38,768
前連結会計年度末現在の総資産				…23,406

❸前期約1,625億円の赤字、当期1,380億円の黒字。金属資源への投資が、ハイリスクハイリターンなのが分かる

は金属資源が約1625億円の赤字だったのが、当期は約1380億円の黒字になっています。リスクも大きいですが、その分、リターンも大きいのです（❸）。

決算短信に戻って「**(2) 連結財政状態**」を見ると（前頁上図参照）、「**資産合計**」が約11兆5000億円、自己資本比率を表す「**親会社所有者帰属持分比率**」が32・5％となっています。多額の資産を保有する会社としては、まずまずといったところでしょうか（❹）。

また、ありとあらゆる事業に投資を行っているため、子会社が多数あり、「**連結損益計算書**」の「**持分法による投資損益**」を見ると（下図参照）、前期は約1320億円の赤字で、当期は約1706億円の黒字です。前期は持分法が適用される関連会社も多額の赤字を出し、当期は黒字に転換したということです（❺）。

● 三井物産の「連結損益計算書」から子会社の状況を読み取る

■ 連結損益計算書

（単位：百万円）

科目＼期間	前事業年度（自 平成27年4月1日 至 平成28年3月31日）	当事業年度（自 平成28年4月1日 至 平成29年3月31日）
収益：		
商品販売による収益	4,202,593	3,833,564
雑損益	△32,092	9,877
その他の収益・費用計	△605,586	△458,855
金融収益・費用		
受取利息	31,612	34,905
受取配当金54,675	51,874	
支払利息	△50,961	△56,997
金融収益・費用計	35,326	29,782
持分法による投資損益	△132,033	170,569
法人所得税前利益	24,329	460,791
法人所得税	△91,243	△134,641
当期利益（損失）	△66,914	326,150
当期利益（損失）の帰属：		
親会社の所有者	△83,410	306,136
非支配持分	[illegible]	[illegible]

❺前期は持分法が適用された子会社が、赤字を出している

2 商社の決算書を見る際の注意点

三井物産は、国際会計基準であるＩＦＲＳを採用しています（❻）。

私は講演などで、「**日本で1番売上が大きい商社はどこだか知っていますか**」と聞くことがあります。答えは「**豊田通商**」です。

これは、豊田通商が日本基準を採用しているからです。

ＩＦＲＳや米国基準の収益（営業収益）には、単に仲介した売上は含まれず、そこで生まれたマージンなどの収益だけが計上されます。

たとえば、９５０万円で仕入れたものを１０００万円で売ったとします。この場合、日本基準では売上高は１０００万円ですが、ＩＦＲＳや米国基準では50万円です。日本基準を使う豊田通商が売上1番になるのはこのためです。

「**会計基準によって勘定科目の名称に違いがあり、場合によっては計上のしかたにも違いがある**」ことを知っておいてください。

● 商社の決算書を見る際の注意点

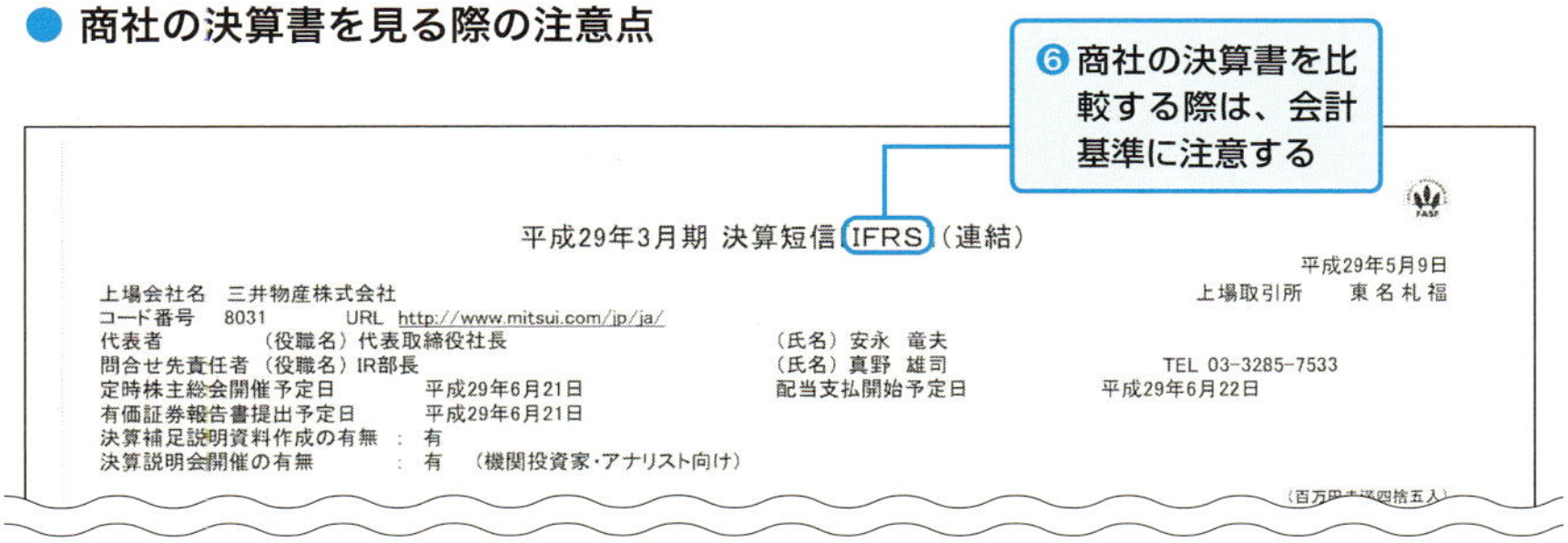
❻ 商社の決算書を比較する際は、会計基準に注意する

平成29年3月期 決算短信〔IFRS〕（連結）

平成29年5月9日

上場会社名　三井物産株式会社　　上場取引所　東 名 札 福

コード番号　8031　URL http://www.mitsui.com/jp/ja/

代表者　（役職名）代表取締役社長　（氏名）安永　竜夫

問合せ先責任者　（役職名）IR部長　（氏名）真野　雄司　TEL 03-3285-7533

定時株主総会開催予定日　平成29年6月21日　配当支払開始予定日　平成29年6月22日

有価証券報告書提出予定日　平成29年6月21日

決算補足説明資料作成の有無　：　有

決算説明会開催の有無　：　有　（機関投資家・アナリスト向け）

05 楽天 ネット企業がなぜ球団を買ったのか

1 決算短信 年々増え続ける売上と裏腹に減り続ける利益を読み解く

決算短信の「(1) **連結経営成績**」を見ると（次頁下図参照）、「**売上収益**」とあります。会計基準はＩＦＲＳで先の三井物産と同じですが、三井物産は「**収益**」と記載していました。言葉の違いはありますが、意味合いは同じです。

売上収益は、当期約10％、前期約20％増えていますが、「**当期利益**」は約14％減り、前期は約38％も減っています（❶）。これは、「ＥＣ（**Electronic Commerce**）」や「Ｅコマース」といわれる電子商取引が伸びているから売上収益が年々増える一方、競争が激しさを増しているため、利益が年々減っているということです。

楽天は、楽天市場というＥＣモール事業からスタートしましたが、今では楽天銀行、楽天証券、楽天カード、楽天トラベルなど、さまざまな事業を行っています。

2 セグメント情報 楽天の経営方針を読み解く

「**7 その他**」にある「**⑵ セグメント情報**」を見ると（次頁下図参照）、「インターネットサービス」と「フィンテック（**FinTech**）」の2分類しかなく（❷）、どの事業が大きく稼いでいるのか不明ですが、おそらく、楽天市場でしょう。なぜなら、「**楽天市場は〝しくみ〟であるため、使ってもらえばもらうほど利益を生み出す**」からです。社長の三木谷浩史さんは、日本興業銀行にいたので金融業に明るいため、楽天市場で稼いだお金を、楽天がフィンテックと呼んでいる銀行や証券、カードなどの金融事業に投資しているのだと思います。

「**インターネットビジネスの特長は、プラットフォームなどのしくみができあがったあとは、それを使う人が大量に増えてもあまりコスト（変動費）増にならない**」点です。つまり、使う人が増えれば増えるほど、売上や利益が増え、売上高利益率が他業種よりも高くなります。

その一方で固定費はそれほど高くないため、参入障壁が高くあ

● 楽天の「決算短信」から減り続ける利益のなぞを読み取る

1. 平成28年12月期の連結業績（平成28年1月1日～平成28年12月31日）

(1) 連結経営成績　　（%表示は対前期増減率）

	売上収益		営業利益		税引前利益		当期利益		親会社の所有者に帰属する当期利益		当期包括利益合計額	
	百万円	%	百万円	%	百万円	%	百万円	%	百万円	%	百万円	%
28年12月期	781,916	9.6	77,977	△17.6	73,923	△19.6	38,001	△14.2	37,995	△14.5	22,030	△56.9
27年12月期	713,555	19.2	94,689	△11.0	△91,987	△11.8	44,280	△37.7	44,436	△37.1	51,116	△58.7

❶売上は伸びても利益が伸びないのは、競争の激しい事業のため

りません。だから、ECモールで先行していた楽天は、赤字球団であっても野球の球団を買い、知名度を格段にあげることで競争に勝とうとしたのでしょう。これはDeNAも同じです。

3 決算短信 連結財務諸表 自己資本比率が低いのは金融業の特徴

決算短信の「(2) 連結財政状態」を見ると（次頁上図参照）、「**親会社所有者帰属持分比率（自己資本比率）**」が約15％前後と低いのは、金融業をやっているためです（❸）。

「**5 連結財務諸表**」の「**(1) 連結財政状態計算書（連結貸借対照表）**」を見ると（次頁下図参照）、「**証券事業の金融資産**」や「**カード事業の貸付金**」が1兆円を超えています（❹）。こうした資産が膨らむのが金融業の特長で、このため自己資本比率は低くなりがちです。

ただ、自己資本比率が低いから金融業は安全性や安定性が低いかというと、まったく逆です。ソニーの製造業の業績が落ち込んでいたときに、それを補っていたのは、ソニー生命をはじめとす

● 楽天の「セグメント情報」からはどの事業で稼いでいるのかが見えない

(2) セグメント情報

前第4四半期連結会計期間（自2015年10月1日 至2015年12月31日） （単位：百万円）

	報告セグメント			調整額	連結財務諸表計上額
	インターネットサービス	FinTech	計		
セグメントに係る売上収益	144,702	70,760	215,462	△16,618	198,844
セグメント損益	38,827	15,960	54,797	△43,066	11,731

❷セグメントが2つしかないので、どの事業で稼いでいるのかわからない

るファイナンス事業でした。

製造業は景気に左右されやすく、ヒット商品のあるなしでも業績が大きく上下します。一方、金融業は安定した収益が見込め、業績の上下がそれほど大きくないのです。ソニーが金融事業をはじめたのは、製造業の業績の下ブレをできるだけ小さくするためでもあったのです。

● 楽天の「決算短信」と「連結財政状態計算書（連結貸借対照表）」から自己資本比率の低さを読み取る

■ 決算短信

1. 平成28年12月期の連結業績（平成28年1月1日～平成28年12月31日）

（1）連結経営成績　　　（%表示は対前期増減率）

	売上収益		営業利益		税引前利益		当期利益		親会社の所有者に帰属する当期利益		当期包括利益合計額	
	百万円	%	百万円	%	百万円	%	百万円	%	百万円	%	百万円	%
28年12月期	781,916	9.6	77,977	△17.6	73,923	△19.6	38,001	△14.2	37,995	△14.5	22,030	△56.9
27年12月期	713,555	19.2	94,689	△11.0	△91,987	△11.8	44,280	△37.7	44,436	△37.1	51,116	△58.7

	基本的1株当たり当期利益	希薄化後1株当たり当期利益	親会社所有者帰属持分当期利益率	資産合計税引前利益率	売上収益営業利益率
	円　銭	円　銭	%	%	%
28年12月期	26.65	26.44	5.7	1.7	10.0
27年12月期	32.33	32.09	8.2		

（参考）持分法による投資損益　28年12月期　809百万円　　27年12月期　986百

❸金融業をやっているから自己資本比率が低い

（2）連結財政状態

	資産合計	資本合計	親会社の所有者に帰属する持分	親会社所有者帰属持分比率	1株当たり親会社所有者帰属持分
	百万円	百万円	百万円	%	円　銭
28年12月期	4,604,672	680,346	680,247	14.8	476.89
27年12月期	4,269,953	664,013	662,044	15.5	464.80

■ 連結財政状態計算書（連結貸借対照表）

（単位：百万円）

	前連結会計年度（2015年12月31日）	当連結会計年度（2016年12月31日）
資産の部		
現金及び現金同等物	501,029	548,269
売上債権	104,011	117,088
証券事業の金融資産	1,109,299	1,120,684
カード事業の貸付金	833,820	1,014,708
銀行事業の有価証券	257,769	157,315
銀行事業の貸付金		585,800

❹資産が膨らむことで自己資本比率が下がる

06 任天堂 お金持ちの超スーパー安全企業

1 決算短信 連結貸借対照表 ずば抜けた自己資本比率を読み解く

任天堂の何がすごいのかといえば、決算短信の「(2) **連結財政状態**」を見てみると（次頁上図参照）、「**自己資本比率**」です（❶）。85・2%。前期は、89・5%もありました。これまでいかに儲けてきたかということです。

「**4 連結財務諸表及び主な注記**」にある「(1) **連結貸借対照表**」の「**純資産の部**」を見ると（次頁中図参照）、「**利益剰余金**」が1兆4895億円以上あります。さらに、「**負債の部**」を見ると、「**短期借入金**」も「**長期借入金**」も「**社債**」もありません。完全なる無借金です（❷）。

決算短信に戻って、「(1) **連結経営成績**」を見ると、「**売上高**」は約5000億円（❸）。それに対して、「(1) **連結貸借対照表**」の「**資産の部**」を見ると（次頁下図参照）、「**現金及び預金**」が6600億円以上、「**有価証券**」が2800億円以上あり、両方で9400億円以上ですから、売上

● 任天堂の「決算短信」と「連結貸借対照表」から安定した財務内容を読み取る

■ 決算短信

1. 平成29年3月期の連結業績（平成28年4月1日〜平成29年3月31日）

(1) 連結経営成績　　（%表示は対前期増減率）

	売上高		営業利益		経常利益		親会社株主に帰属する当期純利益	
	百万円	%	百万円	%	百万円	%	百万円	%
29年3月期	489,095	△3.0	29,362	△10.7	50,364	74.9	102,574	521.5
28年3月期	504,459	△8.2	32,881	32.7	28,790	△59.2	16,505	△60.6

（注）包括利益　29年3月期　104,525百万円（＿%）　28年3月期　△3,689百万円（＿%）

	1株当たり当期純利益	潜在株式調整後1株当たり当期純利益	自己資本当期純利益率	総資産経常利益率	売上高営業利益率
	円　銭	円　銭	%	%	%
29年3月期	853.87	―	8.5		
28年3月期	137.40	―	1.4		

（参考）持分法投資損益　29年3月期　20,271百万円　　28年3月期　1,887百万円

(2) 連結財政状態

	総資産	純資産	自己資本比率	1株当たり純資産
	百万円	百万円	%	円　銭
29年3月期	1,468,978	1,250,972	85.2	10,412.59
28年3月期	1,296,902	1,160,901	89.5	9,662.73

（参考）自己資本　29年3月期　1,250,840百万円　　28年3月期　1,160,776百万円

❶過去にどれだけ稼いできたかが分かる

■ 連結貸借対照表

2枚目

（単位：百万円）

	前連結会計年度（平成28年3月31日）	当連結会計年度（平成29年3月31日）
負債の部		
流動負債		
支払手形及び買掛金	31,857	104,181
未払法人税等	1,878	11,267
賞与引当金	2,294	2,341
その他	62,407	66,319
流動負債合計	98,437	184,109
固定負債		
退職給付に係る負債	23,546	19,245
その他	14,017	14,650
固定負債合計	37,563	33,895
負債合計	136,001	218,005
純資産の部	5,743	△9,278
株主資本	1,421	1,946
資本金	10,065	10,065
資本剰余金	13,256	13,256
利益剰余金	1,401,359	1,489,518

売上高の２倍。倒産することは、ほぼない

❷利益剰余金がこれだけあって、「短期借入金」も「長期借入金」も「社債」もない完全無借金

■ 同　1枚目

（単位：百万円）

	前連結会計年度（平成28年3月31日）	当連結会計年度（平成29年3月31日）
資産の部		
流動資産		
現金及び預金	[illegible]	662,763
受取手形及び売掛金		106,054
有価証券	[illegible]	283,307

❹約9,400億円

❸

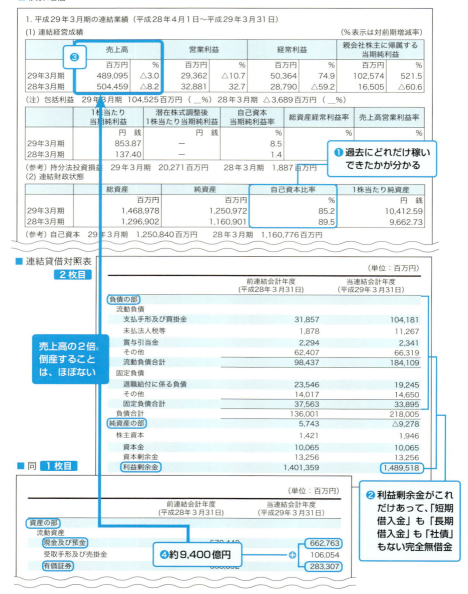

高の2倍弱もあります（❹）。「倒産確率ゼロ」と言い切ってしまってもいいくらいです。

「**大企業は、売上1カ月分程度の現預金を持っていれば安全**」といわれる中、売上2年弱分もの現預金同等物を持っているのは驚異的です。財務的には抜群の内容で、超スーパー安全企業なのです。

2 連結キャッシュ・フロー計算書 積極的な投資をしているか読み解く

それだけ現預金を何もしないで持っているということは、投資家からしてみればお金の使い道がない企業だということもできます。商社なら、鉱山やエネルギー資源、はたまた流通業などに投資したりするのでしょうが、任天堂はゲーム機とソフトの開発ぐらいにしか投資していません。

「**4 連結財務諸表及び主な注記**」にある「⑷ **連結キャッシュ・フロー計算書**」の「**投資活動によるキャッシュ・フロー**」を見ると（次頁下図参照）、「**定期預金の預入による支出**」と「**定期預金の払戻による収入**」が約5000億円ずつあります。これは、満期を迎えた定期預金を、また定期預金に預け直しているということです。

「**有価証券及び投資有価証券の取得による支出**」と「**有価証券及び投資有価証券の売却及び償還による収入**」も、前期は約1兆円ずつあり、有価証券を売ったお金でまた有価証券を買っていることが分かります。

「**有形及び無形固定資産の取得による支出**」は、当期が約100億円、前期は約46億円です。

「営業活動によるキャッシュ・フロー」の**「減価償却費」**が80億～90億円ぐらいですから、それに見あった投資をしているにすぎません。これらを見るかぎりは、チャレンジングな投資を行っているようには見えません。

しかし、2017年3月に発売された「ニンテンドースイッチ」は売れ行き好調で、来期の業績期待から株価は上昇中です。

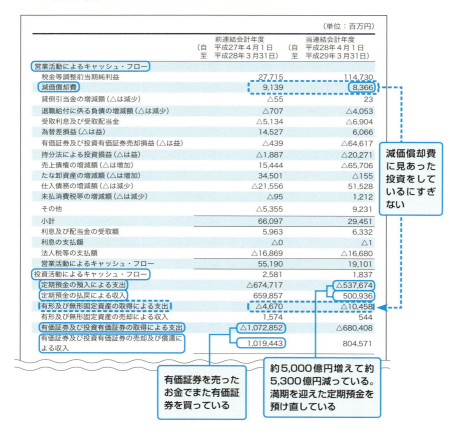

● 任天堂の「連結キャッシュ・フロー計算書」から積極的な投資をしていないことを読み取る

（単位：百万円）

	前連結会計年度 （自　平成27年４月１日 至　平成28年３月31日）	当連結会計年度 （自　平成28年４月１日 至　平成29年３月31日）
営業活動によるキャッシュ・フロー		
税金等調整前当期純利益	27,715	114,730
減価償却費	9,139	8,366
貸倒引当金の増減額（△は減少）	△55	23
退職給付に係る負債の増減額（△は減少）	△707	△4,053
受取利息及び受取配当金	△5,134	△6,904
為替差損益（△は益）	14,527	6,066
有価証券及び投資有価証券売却損益（△は益）	△439	△64,617
持分法による投資損益（△は益）	△1,887	△20,271
売上債権の増減額（△は増加）	15,444	△65,706
たな卸資産の増減額（△は増加）	34,501	△155
仕入債務の増減額（△は減少）	△21,556	51,528
未払消費税等の増減額（△は減少）	△95	1,212
その他	△5,355	9,231
小計	66,097	29,451
利息及び配当金の受取額	5,963	6,332
利息の支払額	△0	△1
法人税等の支払額	△16,869	△16,680
営業活動によるキャッシュ・フロー	55,190	19,101
投資活動によるキャッシュ・フロー	2,581	1,837
定期預金の預入による支出	△674,717	△537,674
定期預金の払戻による収入	659,857	500,936
有形及び無形固定資産の取得による支出	△4,670	△10,458
有形及び無形固定資産の売却による収入	1,574	544
有価証券及び投資有価証券の取得による支出	△1,072,852	△680,408
有価証券及び投資有価証券の売却及び償還による収入	1,019,443	804,571

減価償却費に見あった投資をしているにすぎない

有価証券を売ったお金でまた有価証券を買っている

約5,000億円増えて約5,300億円減っている。満期を迎えた定期預金を預け直している

07 シマノ 積極投資を続ける優良企業

1 決算短信 連結貸借対照表 高い経常利益率を読み解く

シマノは大阪府堺市に本社がありますが、私も堺の出身で地元では超有名企業です。自転車部品と釣り具の製造が主な事業です。

決算短信の「⑴ **連結経営成績**」を見ると（次頁上図参照）、「**売上高**」「**経常利益**」とも減っていますが、約3230億円の売上高で約700億円の経常利益を生み出しています。経常利益率は、約21・7％（700億÷3230億×100）。製造業としては、かなり高いといえます（❶）。

次に、「**5 連結財務諸表**」にある「⑴ **連結貸借対照表**」の「**負債の部**」を見ると（次頁下図参照）、「**短期借入金**」が約75億円、「**長期借入金**」が約15億円、あわせて約90億円です（❷）。次に「⑴ **連結貸借対照表**」の「**資産の部**」で「**現金及び預金**」を見ると（次頁中図参照）、約2000億円あるので、実質は無借金になります（❸）。金融機関に義理で借りているのかもしれません。

● シマノの「決算短信」と「連結貸借対照表」から安定した財務内容を読み取る

■ 決算短信

1. 平成28年12月期の連結業績（平成28年1月1日～平成28年12月31日）

(1) 連結経営成績　　　　　　　　　　　　　　　　　　　　（%表示は対前期増減率）

	売上高		営業利益		経常利益		親会社株主に帰属する当期純利益	
	百万円	%	百万円	%	百万円	%	百万円	%
28年12月	322,998	△14.7	64,546	△24.1	70,002	△30.8	50,964	△33.1
27年12月期	378,645	13.7	85,053	29.2	101,110	42.4	76,190	48.7

（注）包括利益　28年12月期　34,647百万円（△33.1%）　27年12月期　51,798百万円（△25.1%）

❶ともに減っているが、経常利益率（経常利益÷売上高）は21.7%と高い

■ 連結貸借対照表 1枚目

（1）連結貸借対照表　　　　　　　　　　　　　　　　（単位：百万円）

	前連結会計年度（平成27年3月31日）	当連結会計年度（平成28年3月31日）
資産の部		
流動資産		
現金及び預金	[illegible]	199,772
受取手形及び売掛金	36,918	34,302
商品及び製品	33,635	31,740

❸現金、預金が約2,000億円もあるので、実質無借金

■ 同 2枚目

（単位：百万円）

	前連結会計年度（平成27年12月31日）	当連結会計年度（平成28年12月31日）
負債の部		
流動負債		
買掛金	11,392	12,051
短期借入金	7,954	7,477
未払法人税等	12,252	5,856
繰延税金負債	126	94
賞与引当金	[illegible]3	1,781
役員賞与引当金	[illegible]6	191
その他	17,083	16,611
流動負債合計	50,899	44,063
固定負債		
長期借入金	2,068	1,498

❷約90億円

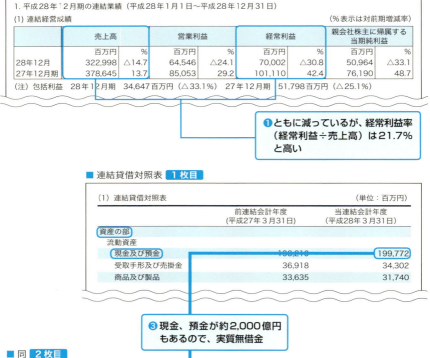

2 連結貸借対照表 決算短信 連結キャッシュ・フロー計算書

積極的な投資をしているか読み解く

続いて、「**5 連結財務諸表**」にある「**(1) 連結貸借対照表**」の「**資産の部**」にある「**固定資産**」の「**建物及び構築物**」を見ると（次頁上図参照）、約896億円あります。そのうち「**減価償却累計額**」が約295億円です（❶）。減価償却累計額が社歴の割に少ないということは、新しい建物が多いのでしょう。「**建設仮勘定**」を見ても、約93億円、前期は約157億円ありました（❷）。これは建設中のもの（備品含む）の金額ですから、この点からも新しい建物が増えていることが分かります。

「決算短信」の「**(2) 連結財政状態**」で「**自己資本比率**」を見ると（次頁下図参照）、88％あるので安全性も問題ないどころか、素晴らしいといえます（❸）。

次に、「**(4) 連結キャッシュ・フロー計算書**」を見てみましょう（次々頁図参照）。「**投資活動によるキャッシュ・フロー**」の「**有形固定資産の取得による支出**」が約294億円なのに対して、「**営業活動によるキャッシュ・フロー**」の「**減価償却費**」は約155億円です（❹）。「**減価償却費の2倍の投資をしているということは、積極投資を行っている**」といえます。

前期も同様の数字ですから、2年連続です。具体的にどの事業の何に投資をしているのかは決算書だけからは分かりませんが、未来への投資を怠らないチャレンジングな企業だといえます。

● シマノの「連結貸借対照表」「決算短信」「連結キャッシュ・フロー計算書」からチャレンジ性を読み取る

■ 連結貸借対照表

（1）連結貸借対照表　（単位：百万円）

	前連結会計年度（平成27年12月31日）	当連結会計年度（平成28年12月31日）
資産の部		
流動資産		
現金及び預金	190,210	199,772
受取手形及び売掛金	36,918	34,302
商品及び製品	33,635	31,740
仕掛品	20,065	17,218
原材料及び貯蔵品	5,916	4,658
繰延税金資産	3,556	2,938
その他	6,230	7,151
貸倒引当金	△247	△244
流動資産合計	296,287	297,538
固定資産		
有形固定資産		
建物及び構築物	72,653	89,571
減価償却累計額	△28,426	△29,543
減損損失累計額	△145	△107
建物及び構築物（純額）	44,081	59,920
機械装置及び運搬具	68,881	70,864
減価償却累計額	△45,932	△47,064
減損損失累計額	△124	△108
機械装置及び運搬具（純額）	22,824	23,691
土地	13,409	13,342
リース資産	124	112
減価償却累計額	△67	△67
リース資産（純額）	57	44
建設仮勘定	15,735	9,280

❷建設中など新しい建物が増えている

❶減価償却費が社歴の割に少ないのは、新しい建物が多い

■ 決算短信

❸安全性はまったく問題ない

(2) 連結財政状態

	総資産	純資産	自己資本比率	1株当たり純資産
	百万円	百万円	%	円　銭
28年12月期	443,954	391,381	88.0	4,213.74
27年12月期	429,080	371,298	86.3	3,995.37

（参考）自己資本　28年12月期　390,626百万円　27年12月期　370,385百万円

■ 連結キャッシュ・フロー計算書

（単位：百万円）

	前連結会計年度（平成27年12月31日）	当連結会計年度（平成28年12月31日）
営業活動によるキャッシュ・フロー		
税金等調整前当期純利益	100,399	68,402
減価償却費	15,565	15,534
減損損失	362	869
事業撤退損	－	175
貸倒引当金の増減額（△は減少）	53	△54
受取利息及び受取配当金	△1,544	△1,915
支払利息	328	161
為替差損益（△は益）	△11,616	△4,517
売上債権の増減額（△は増加）	△948	2,168
たな卸資産の増減額（△は増加）	4,945	3,586
仕入債務の増減額（△は減少）	△4,176	903
退職給付に係る負債の増減額（△は減少）	76	1,297
工場建替関連費用引当金の増減額（△は減少）	△44	－
工場建替関連費用	348	555
有形固定資産除売却損益（△は益）	151	183
その他	△1,164	△1,212
小計	102,739	86,137
利息及び配当金の受取額	1,527	1,713
利息の支払額	△333	△173
法人税等の支払額	△22,623	△23,643
営業活動によるキャッシュ・フロー	81,309	64,034
投資活動によるキャッシュ・フロー		
定期預金の預入による支出	△2,131	△1,471
定期預金の払戻による収入	4,286	317
有形固定資産の取得による支出	△26,905	△29,381

❹減価償却費の2倍の投資は、積極的といえる

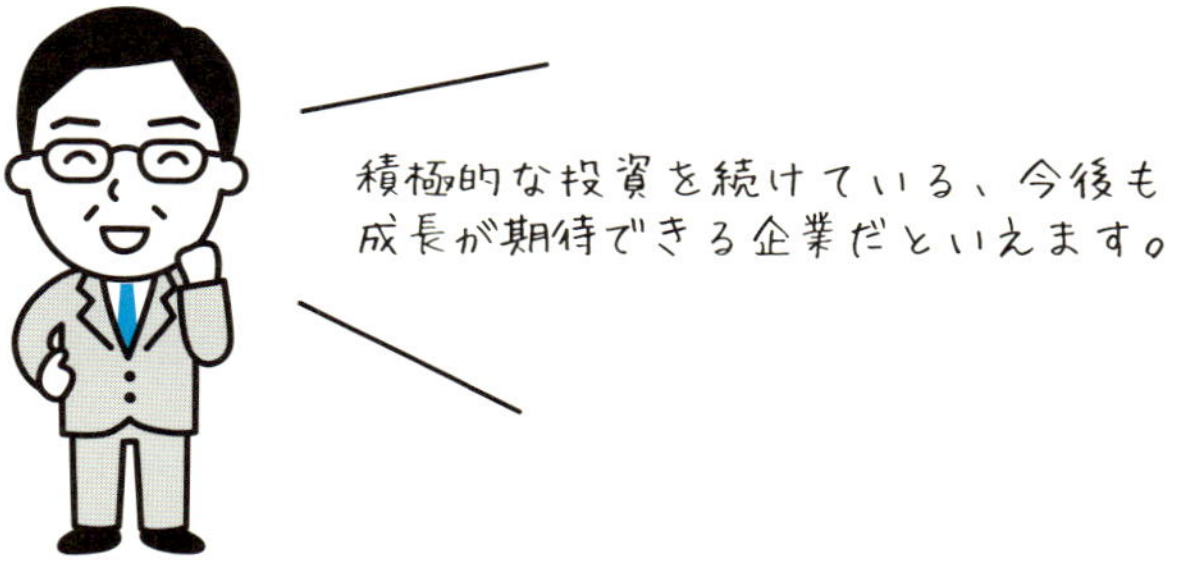
積極的な投資を続けている、今後も
成長が期待できる企業だといえます。

3 決算短信 株価が高いか安いか読み解く

決算短信の「**(2)連結財政状態**」の「**1株当たり純資産**」を見ると（下図参照）、4200円前後です（❶）。これに対して株価は1万7000円前後（2017年6月現在）しています。

「**株価純資産倍率（PBR：1万7000円÷4200円）は4倍を超えているので、資産に対して株価はかなり高いと判断**」できます。

財務内容がよく、業績のいい企業でも、現在割安感がない企業の株は、私は買いません。ただ、こうした高株価企業も、リーマンショックのようなときには大幅に下がります。そうした安値のときに買うことをお勧めします。

製造業は特に景気の影響を受けやすく、トヨタ自動車でもリーマンショック後は赤字で株価が大幅に下がりました。そうした「**株価が割安なときに買うのが、賢明な投資家**」だと私は思っています。

● シマノの「決算短信」と「株価」から株価が高いか安いかを読み取る

■ 決算短信

❶その日の株価からPBRを見る

(2) 連結財政状態

	総資産	純資産	自己資本比率	1株当たり純資産
	百万円	百万円	%	円 銭
28年12月期	443,954	391,381	88.0	4,213.74
27年12月期	429,080	371,298	86.3	3,995.37

（参考）自己資本　28年12月期　390,626百万円　27年12月期　370,385百万円

08 日本銀行 膨張し続ける資産に、破綻の危機を感じる

1 貸借対照表から日銀のしくみを読み解く

日本銀行も意外ですが、実は株式会社でジャスダックに上場しています。大株主は、財務省です。決算書は、名称を「**財務諸表等**」といって、一般の企業とは勘定科目などが違いますが、基本的な内容は同じです。まず、「**2 貸借対照表**」を見てみましょう（次頁図参照）。

「**資産の部**」の「**国債**」は、約417兆円（❶）。約417兆円もの日本国債を買って保有しています（❷）。それ以外にも、「**信託財産指数連動型上場投資信託（ETF）**」なども買っているので資産が大きく膨らみ、約490兆円になっています。アベノミクスの「異次元緩和」で日銀が民間金融機関などの市中から買い取って資金（マネタリーベース）を供給したからです。

日本のGDP（国内総生産）は約540兆円です。日銀は毎年80兆円国債を買い続けているので、まもなくGDPを超えることとなるでしょう。

● 日本銀行の「貸借対照表」から大きく膨らむ資産を読み取る

❶約417兆円もの国債のほかに大量のETFなども買っているので、資産は約490兆円にもなる

❹民間金融機関から預かったお金

❸刷ったお札は、負債になる

2. 貸 借 対 照 表

第132回事業年度末（平成29年3月31日現在）

（単位：円）

科 目	金 額	科 目	金 額
（資 産 の 部）		（負 債 の 部）	
金地金	441,253,409,037	発行銀行券	99,800,187,532,462
現金	203,111,546,945	預金	356,378,851,270,284
国債	417,711,474,033,271	当座預金	342,755,514,899,028
コマーシャル・ペーパー等	2,035,734,736,594	その他預金	13,623,336,371,256
社債	3,214,428,529,244	政府預金	21,750,732,591,836
金銭の信託（信託財産株式）	1,188,484,406,613	当座預金	150,000,364,761
金銭の信託（信託財産指数連動型上場投資信託）	12,935,375,253,468	国内指定預金	21,348,834,481,149
金銭の信託（信託財産不動産投資信託）	382,248,139,802	その他政府預金	251,897,745,926
貸出金	44,664,568,000,000	売現先勘定	3[illegible]
電子貸付	44,664,568,000,000	その他負債	[illegible]
外国為替	6,608,110,818,466	未払送金為替	4,902,514,996
外貨預け金	1,033,483,758,461	未払法人税等	166,236,000,000
外貨債券	3,153,263,293,351	リース債務	6,259,806,975
外貨投資信託	56,740,771,654	その他の負債	30,058,941,945
外貨貸付金	2,364,622,995,000	退職給付引当金	198,087,597,561
代理店勘定	20,557,407,037	債券取引損失引当金	3,155,019,993,013
その他資産	482,817,708,962	外国為替等取引損失引当金	1,507,875,000,000
取立未済切手手形	16,335,872	負債の部合計	486,423,455,492,651
預貯金保険機構出資金	225,000,000	（純 資 産 の 部）	
国際金融機関出資	15,278,374,364	資本金	100,000,000
政府勘定保管金	48,555,520,981	法定準備金	3,159,085,051,556
未収利息	406,746,871,832	特別準備金	13,196,452
その他の資産	11,995,605,913	当期剰余金	506,691,193,550
有形固定資産	201,053,056,570	純資産の部合計	3,665,889,441,558
建物	93,551,705,085		
土地	82,743,135,513		
リース資産	5,956,822,432		
建設仮勘定	7,915,861,070		
その他の有形固定資産	10,885,532,470		
無形固定資産	127,888,200		
権利金	127,888,200		
資産の部合計	490,089,344,934,209	負債および純資産の部合計	490,089,344,934,209

❺日本政府のお金を預かっている

❷資産は全体で約490兆円にもなる

「**負債の部**」を見ると（前頁図参照）、「**発行銀行券**」が約100兆円あります（❸）。これは、紙幣のことですね。刷った紙幣は、日銀にとっては負債になります。

民間金融機関が口座を持つ「**当座預金**」が約343兆円です（❹）。国債を民間金融機関から買いあげ、その金額がここに積みあがっているのです。民間金融機関が、このお金を一般企業に貸すために引き出せばいいのですが、貸出先がないために、当座預金に滞留しています。日銀としては、滞留されても困るので、一部の当座預金にマイナス金利をつけたのが現在の状況です。

「**政府預金**」というのは、日本政府のお金の預かり金のことです（❺）。日銀は「政府の銀行」でもあり、政府もお金を使いますから、そのために税金などで得たお金を日銀が預かっています。

2 損益計算書 日銀が儲かるしくみを読み解く

次に、「**3 損益計算書**」を見てみましょう（次頁図参照）。注目してほしいのは、「**経常利益**」です。約1兆円（❻）。日銀はこんなに儲かる企業なのですね。何で設けているのかと見てみると、「**国債利息**」が約1869億円あります（❼）。「**400兆円の国債が生み出す利息が日銀の収益源**」なのです。

「**外国為替収益**」も約195億円あります（❽）。近年は、為替介入は行っていませんが、為替介入をすると日銀は儲かるのです。なぜでしょうか？ 円が高くなったら、日銀はドルやユーロ

● 日本銀行の「損益計算書」から儲かるしくみを読み取る

❼約400兆円の国債の利息が日銀の収益源

3. 損　益　計　算　書

第132回事業年度（平成28年4月1日から平成29年3月31日まで）

（単位：円）

科　目	金　額
経　常　収　益	1,644,342,949,730
貸出金利息	9,640,667,851
貸付金利息	9,640,667,851
国債利息	1,186,942,970,687
コマーシャル・ペーパー等利息	▲313,124,481
社債利息	1,230,251,183
外国為替収益	19,477,594,599
外貨預け金等利息	19,477,594,599
その他経常収益	427,364,589,891
金銭の信託（信託財産株式）運用益	217,539,086,791
金銭の信託（信託財産指数連動型上場投資信託）運用益	172,262,726,839
金銭の信託（信託財産不動産投資信託）運用益	13,822,123,269
受取配当金	529,589,555
受入手数料	9,535,893,168
その他の経常収益	13,675,170,269
経　常　費　用	549,083,370,145
売現先利息	▲494,834,763
外国為替費用	155,361,446,180
為替差損	148,149,557,871
外貨債券費用	5,236,389,654
外貨投資信託費用	1,975,498,655

科　目	金　額
経費	191,325,280,381
銀行券製造費	51,805,774,000
国庫国債事務費	17,048,127,253
給与等	51,239,050,034
交通通信費	4,190,874,778
修繕費	2,438,456,899
一般事務費	46,476,041,727
租税公課	3,828,149,765
減価償却費	14,298,805,925
その他経常費用	202,891,478,347
補完当座預金制度利息	187,325,813,296
支払手数料	99,213,371
その他の経常費用	15,466,451,680
経　常　利　益	1,095,259,579,585
特　別　利　益	74,074,000,000
外国為替等取引損失引当金取崩額	74,074,000,000
特　別　損　失	461,869,642,676
固定資産処分損	338,642,676
債券取引損失引当金繰入額	461,531,000,000
税引前当期剰余金	707,463,936,909
法人税、住民税及び事業税	200,772,743,359
当　期　剰　余　金	506,691,193,550

❽外国為替収益は約195億円ある

❻日銀は約1兆円の利益

といった外貨を買います。円が安くなったら、外貨を売ります。円高のとき（外貨が安いとき）に外貨を買って、円安（外貨が高いとき）に売るのですから、儲かるのは当然です。

3 財務諸表等 見えてくる日銀の不安

日銀の資産が膨らみ続けていますが、これは、いつかは限界となり「爆発」するのではないかと危惧していますす。国債を400兆円以上も保有していることから、**「名目GDPに匹敵するほどの資産を保有する中央銀行がある国はほかにありません」**。

アメリカも量的緩和を行って国債や住宅ローン債権を買いまくりましたが、経済が好調になるにつれ、その金額を維持しながら、現在は金利を上げられる段階にまできています。今後は債券の保有額を徐々に減らしていくことを決定しており、出口が見えています。

これに対して日本は、まったく出口が見えません。世の中には必ず限界があるので、**「このまま日銀が国債を買い続けたら、どこかで国債暴落などの金融不安という〝爆発〟が起こるのではないか」**と私は本気で危惧しています。

経済が復調してGDPが2倍になれば、問題はなくなりますが、現在のさまざまな経済指標を見るかぎり、それもちょっと考えにくいのではないでしょうか。

あとがき

聞いたことがないような専門用語ばかり詰め込んでも理解できない

私が会計を勉強しはじめたのは、社会人になってから、それも銀行に入社して4年目にアメリカのビジネススクール（経営大学院）に入学したときが、実質的に最初でした。銀行員になる前の大学では法学部でしたから、会計や決算書というものに触れたこともありませんでした。

正直に言うと、銀行に入行した1年目に銀行からの強制で、通信教育で「簿記」を勉強したことがありました。しかしまったく理解できず、いつも同期の人に答えを教えてもらってそれを書き写して通信講座に答案を送っていました。

もちろん、関心がなかったということもありますが、今から思えば「**そのテキストでは、〝貸し方〟〝借り方〟といった、通常のビジネスシーンでは出てこない、経理の人専用の言葉遣いや知識を盛りだくさんに詰め込んであった**」からだと思います。

アメリカのビジネススクールをきっかけに実務が私を鍛えてくれた

ところが、アメリカのビジネススクールでは、様子が違いました。経営職を養成する学校ですから、教科書もとても分かりやすく、また、理解を助けるためのワークブックも、「**順を追って問**

題を問いていけば、理解がどんどん深まるというつくり」になっていました。また、管理会計の授業もあり、こちらも分かりやすく説明がされているので、ある程度基本は理解ができました。

もちろん、ビジネススクールでは、財務会計も管理会計も、週１、２回の授業が３カ月間ほどだったので、それで十分に会計の内容を理解したとはいえませんが、普段のビジネスシーンでは十分に役に立つレベルの力を身につけられたと思います。

「私が、会計力を、自分では格段に高められたと思っているのは、留学から銀行に戻って行った現場での〝実務〟でした」。ビジネススクールでは基本的な理屈しか学ぶ時間的な余裕はありませんでしたが、実務が私を鍛えてくれました。

留学から戻って最初の仕事はシステム部というところで、銀行の管理会計システムの担当をしたのです。店舗ごと、取引先ごとの収益を計算するシステムです。既存のシステムに慣れたころには、すべての経費を取引先ごとに分配し、粗利だけでなく、経費を差し引き「本当に」いくら儲かっているのかというシステムの設計もしました。また、バブルの時代で銀行もお金があったので、先輩と２人で提案した管理会計システムの入れ替えも行いました。30億円を使っていいという代わりに半年間で仕上げるようにといわれて、多くのプログラマーに助けてもらいながら突貫作業でそれを行ったのも、今となってはとても懐かしい思い出です。それが、30歳ころのことでした。

システム部から移動した先は財務開発部というところで、ここでは90年代初頭ではまだ日本では珍しかったＭ＆Ａのアドバイスを専門に行う部署でした。外国為替専門銀行の東京銀行だったので、海外企業の絡む案件がほとんどで、日本企業が海外ブランドを買収する案件やアメリカ企業の日本での株式売却などの案件を手伝いました。

その際には、被買収企業の企業内容を、決算書を読んで分析したり、さらに買収交渉が進むと、企業価値を「ディスカウンティド・キャッシュ・フロー法（ＤＣＦ法）」という方法などで計算するのですが、そこには会計知識が必須でした。多額の資金で買収するわけですから、間違いが許されるというものはありません。

Ｍ＆Ａの交渉で忘れられないのは、はじめてニューヨークの弁護士事務所で行った交渉です。日本企業のお客さまを連れて買収交渉をしたのですが、夕闇迫るマンハッタンの高層ビルの高層階にある弁護士事務所で米国側と交渉するというようなシーンでは、映画のワンシーンのように思えたこともあります。日本から同行したお客さまも同じ気持ちだったのではないかと思います。

サンフランシスコで米国の鉄道会社の株式の売却案件に携わったときには、米国人幹部から米国の西海岸開拓と歩調をあわせたその会社の歴史についても教わりましたが、相手側の並々ならない熱意を感じたものです。

「**30代前半でそのような経験ができたことは、とても有難いことですが、それも会計の知識がある程度あったからのこと**」だと思っています。

その後、経営コンサルタントとして独立し、もちろん会計の知識が役立っていることはいうまでもありませんが、もうひとつ自分の会計のレベルを上げたのは、２００５年から２００９年にかけて、明治大学の会計大学院で特任教授として管理会計や原価管理を教えたことでした。ケースタディのゼミも担当しましたが、そこでは、これまでのコンサル先で経験した事案などを、簡単にまとめたケースなどもつくりました。教えることで、それまでの知識を集約できたと考えています。

こうして考えると、「**私のこれまでのキャリアの多くは会計に支えられていた**」といっても過言ではありません。「はじめに」でもお話ししたように、今でも多くの会社の社外役員や顧問をしており、そこでも当然のことながら会計知識が私を支えています。普段は「空気」のように決算書や会計の知識に接しているので、逆にその重要性や有難さに気づかないところもありましたが、こうして振り返ると、私の人生そのものが会計に支えられているというのがよく分かります。

あなたも本書をきっかけとして、さらに会計知識を深められ、それがあなたのビジネスキャリアのレベルアップに役立てば、著者としてこれ以上の喜びはありません。

なお、本書作成にあたり、ソーテック社の福田清峰さんには大変お世話になりました。ここまで分かりやすい本になったのは彼のおかげです。この場を借りて心よりお礼を申しあげます。

２０１７年10月

小宮一慶

ソーテック社の教科書シリーズ

世界一やさしい 株の教科書 1年生

ジョン・シュウギョウ著　1,480円+税　256頁　ISBN978-4-8007-2016-0

「株は安いときに買って、高くなったら売る」これでは運を天に任せるようなものです。実は買いの銘柄を見つける簡単な方法があります。ちゃんとした売買テクニックとメンタルを身につければ、あなたは投資で勝てる人になれます！

世界一やさしい 株の信用取引の教科書 1年生

ジョン・シュウギョウ著　1,480円+税　240頁　ISBN978-4-8007-2025-2

信用取引は、実は株価が上がっているときも下がっているときも、あなたを最強の投資家にする武器です。金額的に３倍のレバレッジを生かして、時間のレバッレジをフルに生かせるとしたら、あなたはいつでも勝てる投資家になれます！

世界一やさしい 株の練習帖 1年生

ジョン・シュウギョウ著　1,480円+税　248頁　ISBN978-4-8007-2040-5

投資の本質と上昇相場の原理を説明した「世界一やさしい株の教科書１年生」の実際のチャートを見ながら問題を解くうちに実践感覚が身につきます！投資の基本は身につけたけど実践感覚が欲しい投資家にぴったりの一冊です。

世界一やさしい 日経225 オプション取引の教科書 1年生

岩田 亮著　1,800円+税　256頁　ISBN978-4-8007-2046-7

オプションと聞くと、大きな損失を抱えてしまうと思われがちですが、心配無用です。勝っても負けても2万円の利益か損失しかない、「ニアプット戦略」など、オプション初心者がトコトン、オプション取引を楽しめる構成にしてみました。

世界一やさしい 不動産投資の教科書 1年生

浅井佐知子著　1,580円+税　272頁　ISBN978-4-8007-2031-3

不動産投資をはじめてみたい人は、まず1Kのマンションを現金もしくは一部ローンで購入してみましょう。最初の一歩を成功させるためのノウハウを惜しみなく公開！ 失敗しない＝成功する安心感へとつながる不動産投資をはじめましょう。

執筆協力：坂田博史

世界一《せかいいち》やさしい
決算書《けっさんしょ》の教科書《きょうかしょ》　1年生《ねんせい》

2017年10月31日　初版第1刷発行
2020年 2 月29日　初版第3刷発行

著　者　小宮一慶
発行人　柳澤淳一
編集人　福田清峰
発行所　株式会社　ソーテック社
〒102-0072 東京都千代田区飯田橋4-9-5　スギタビル4F
電話：注文専用　03-3262-5320
FAX：　03-3262-5326
印刷所　図書印刷株式会社

ISBN978-4-8007-2047-4